Das große

1x1

der Grundschule

Das große

1x1

der Grundschule

Die Grundschulzeit sorgenfrei & kompetent meistern

Ein Elternratgeber

© 2020

Impressum

Bibliografische Information der Deutschen Nationalbibliothek:
Die Deutsche Nationalbibliothek verzeichnet diese Publikation in der Deutschen
Nationalbibliografie; detaillierte bibliografische Daten sind im Internet über
http://dnb.d-nb.de abrufbar.
1. Auflage
Konzept, Text, Design: Nicole Golz
Grafiken: Nicole Golz, Jörg Janßen-Golz
Lektorat: Stefanie Proske (Blüten-Lese)

Nicole Golz
Johannes-Huppertz-Str.36
41352 Korschenbroich
Telefon 02161/8395772
E-Mail: ngolz@gmx.net

Dank

Mein größter Dank geht an meinen Mann Jörg, ohne den ich nicht das Durchhaltevermögen gehabt hätte, den Ratgeber zu Ende zu bringen. Außerdem danke ich Ihm für die Unterstützung bei Grafiken und der Gestaltung!

Ich danke Anne, die mich durch Ihre Tipps, Hinweise und Denkanstöße aus Sicht einer Mutter, sehr unterstützt hat.

Ebenfalls geht mein Dank an meine Lektorin Frau Proske, die mit viel Einfühlungsvermögen meinem Inhalt geprüft und kommentiert hat.

INHALT

3 Voraussetzungen des Lernprozesses

7 Noten und Co

8 Endspurt

9 Zu guter Letzt

Vorwort

W ir kommen im Sommer in die Schule!" Kennen Sie diesen Satz? Er fällt oft zwischen Eltern – am Kindergartentor, auf dem Spielplatz oder im Sportverein. Doch wer kommt da eigentlich genau in die Schule und warum ist dieses Ereignis so ein großer Einschnitt in das Leben einer Familie? Für Eltern ergeben sich vor dem ersten Schultag viele Fragen, sie sind unsicher. Doch das muss nicht sein. Das vorliegende Buch bietet Hilfestellung und beantwortet die häufigsten Fragen rund um die spannende Grundschulzeit.

Ich berichte aus meiner langjährigen Berufserfahrung als Grundschullehrerin. Mittlerweile begleitet mich meine Hündin Pepper als ausgebildete Schulhündin mit zur Schule, sodass ich die tiergestützte Intervention in meinen Unterricht gezielt und erfolgreich anwenden kann. Mein Beruf ist für mich eine große Erfüllung und die Arbeit mit den Schülern bereitet mir jeden Tag viel Freude. Mich täglich auf neue Situationen einzustellen und jedem Schüler individuell gerecht zu werden ist eine große Aufgabe, die ich gerne annehme. Zudem beinhaltet meine Arbeit den persönlichen und kontinuierlichen Austausch mit den Eltern. Aus diesem Grund sind mir die Unsicherheiten und vielfältigen Fragen der Eltern bekannt. Mit viel Herzblut, Leidenschaft und umfangreichen Insiderwissen stelle ich mich diesen Fragen und gebe detailliert Auskunft.

Einleitung

Bald ist es so weit, Ihr Kind wird eingeschult! Der große Tag, an dem ein Kindergartenkind zum Schulkind wird, rückt unaufhaltsam näher. Neben großer Euphorie und Freude meldet sich immer wieder das Gefühl der Ungewissheit. Wie sich das Leben wohl verändern wird?

Nun können Sie ihr Kind nicht mehr spontan zuhause lassen wie im Kindergarten. Die Ferienplanungen sind nun strikt an die Ferienzeiten des jeweiligen Bundeslandes gebunden. Und der familiäre Tagesrhythmus wird nun sicherlich noch enger getaktet sein als vielleicht ohnehin schon.

Eltern merken schnell, dass nicht nur für ihr Kind ein ganz neuer Lebensabschnitt beginnt, sondern auch ihr eigener Alltag noch einmal völlig umgekrempelt wird. Wer sich gerade an die Vorgaben und Tagesabläufen eines Kindergartenkindes gewöhnt hat, muss sich nun wieder umstellen. Doch Sie werden die Umstellung schnell und sicher meistern, denn: Sie alle haben selbst eine lange Schulzeit hinter sich gebracht!

Allerdings hat sich die Schullandschaft in den letzten Jahren stark verändert und einen Schulalltag, wie viele Erwachsene ihn noch in Erinnerung haben, gibt es kaum noch. Der vorliegende Ratgeber soll Eltern dabei unterstützen, die Grundschuljahre entspannt zu meistern und hoffentlich auch einen Großteil der Zeit genießen zu können.

In vielen Elterngesprächen habe ich erfahren, dass die Grundschulzeit eine sehr prägende und schöne Phase ist, die jedoch auch kleine Fallstricke beinhalten kann. Auftretende Hürden können leichter überwunden werden, wenn Eltern über das notwendige Hintergrundwissen rund um den Schulalltag verfügen. Im vorliegenden Ratgeber werden Sie alle Antworten auf Ihre Fragen finden und gut informiert in die Grundschulzeit Ihres Kindes starten.

Kleine Übersicht –
Die ersten Schritte

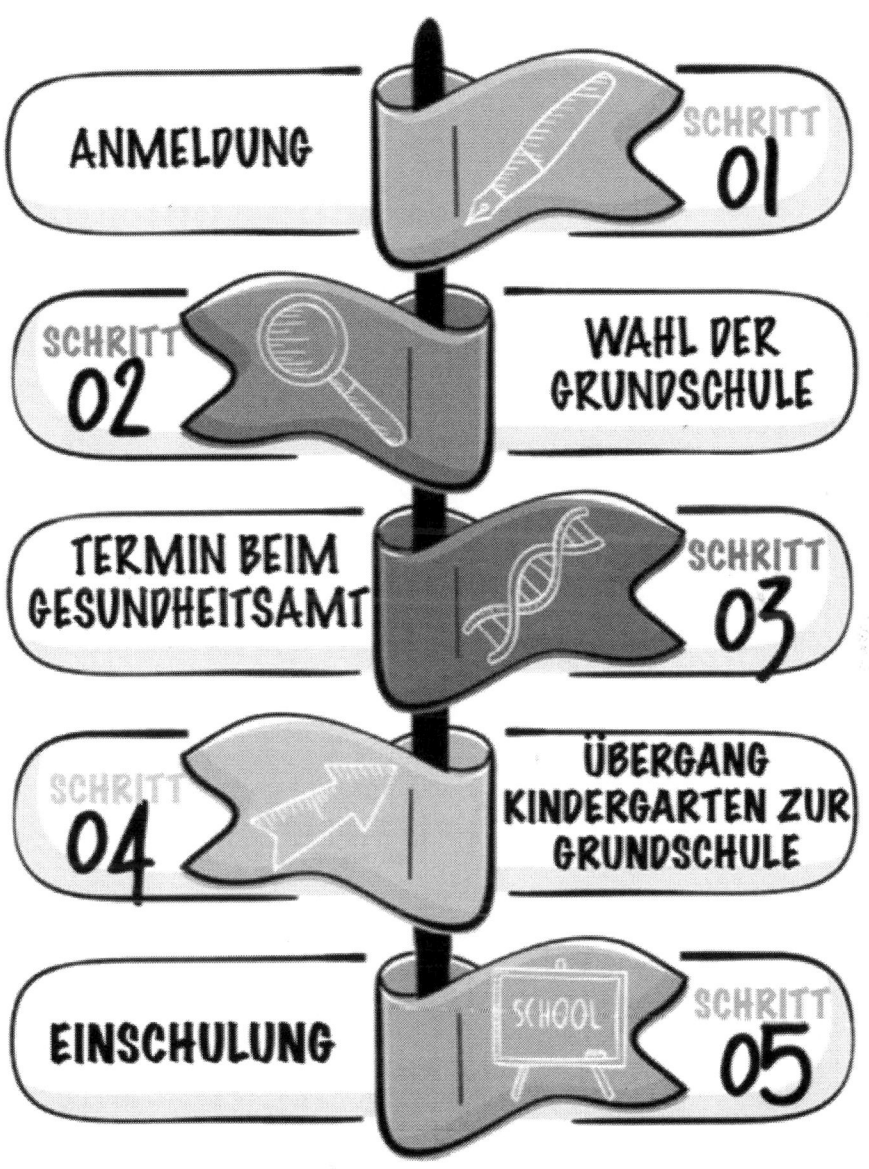

ANMELDUNG — SCHRITT 01

SCHRITT 02 — WAHL DER GRUNDSCHULE

TERMIN BEIM GESUNDHEITSAMT — SCHRITT 03

SCHRITT 04 — ÜBERGANG KINDERGARTEN ZUR GRUNDSCHULE

EINSCHULUNG — SCHRITT 05

VOR DER
EINSCHULUNG

Die Schule ruft – Die Anmeldung

Jedes Kind, welches das sechste Lebensjahr vollendet hat, wird schulpflichtig. Eltern können ab diesem Zeitpunkt ihr Kind nur in Ausnahmefällen und bei triftigen Gründen, wie zum Beispiel bei gesundheitlichen Beeinträchtigungen, ein weiteres Jahr von der Schule zurückstellen lassen.

Anders verhält es sich bei sogenannten „Kann"- oder „Antragskindern". Diese Kinder haben mit dem Stichtag noch nicht das entsprechende Schulalter erreicht. Falls Eltern, auch in Zusammenarbeit mit den Erziehern des Kindergartens, die Meinung vertreten, dass ihr Kind früher eingeschult werden soll, kann dies durch einen Antrag an einer Grundschule mit gleichzeitiger genauer Überprüfung der geforderten Kompetenzen geschehen. Die Schulleitung wird dann in Absprache mit dem zuständigen Arzt des Gesundheitsamtes und nach genauer Beobachtung des Kindes entscheiden, ob einer frühzeitigen Einschulung zugestimmt werden kann. In einigen Fällen werden auch die zuständigen Erzieher des Kindergartens zur Entwicklung des Kindes befragt.

Die genauen Stichtage der einzelnen Bundesländer sind unterschiedlich geregelt. Da die Stichtage von Land zu Land variieren und immer wieder neu angepasst werden, sollten Sie den entsprechenden Stichtag Ihres Bundeslandes auf der aktuellen Seite des Deutschen Bildungsservers (www.bildungsserver.de) ermitteln.

Eltern, deren Kinder schulpflichtig werden, erhalten zehn bis elf Monate vor Schulbeginn eine Benachrichtigung vom jeweiligen Schulverwaltungsamt der Gemeinde oder Stadt. Darin werden Eltern aufgefordert, ihr Kind an einer Grundschule in ihrem Wirkungskreis anzumelden. An einigen Kindergärten bestehen Kooperationen mit nahegelegenen Grundschulen, sodass Anmeldetermine im Kindergarten aushängen.

Die Schulen setzen ihre Anmeldetermine selbst fest, die Sie an den Schulen direkt erfragen können. Einige Schulen informieren ebenfalls auf ihrer Homepage oder in der lokalen Presse über die Anmeldetermine. Haben Eltern einen Anmeldetermin vereinbart, nehmen sie den Termin gemeinsam mit ihrem Kind wahr. Viele Schulen machen sich bereits bei der Anmeldung ein erstes Bild vom zukünftigen Schüler. Außerdem lernt der Schulneuling seine Grundschule und die Schulleitung schon ein wenig näher kennen.

Bei der Vereinbarung des Termins wird die Schule den Erziehungsberechtigten mitteilen, welche Unterlagen zur Anmeldung mitzubringen oder einzureichen sind. Häufig ist dabei der Impfausweis, zur Ermittlung des Impfstatus, vorzulegen. Eltern sollten sich rechtzeitig beim zuständigen Gesundheitsamt oder Kinderarzt über die geforderten Pflichtimpfungen informieren.

Seit dem 1. März 2020 gilt das Masernschutzgesetz. Durch die Impfpflicht sollen Schul- und Kindergartenkinder wirksam vor dem Ausbruch der Masern geschützt werden. Aufgrund dieser Verpflichtung dürfen Kinder ohne ausreichenden Impfstatus von der Schule abgelehnt werden.

Förderschwerpunkt

→ Lernen

→ geistige Entwicklung

→ emotionale und soziale Entwicklung

→ Sprache

→ körperliche und motorische Entwicklung

→ übergreifende Zuordnung

→ Hören

→ Sehen

→ Kranke

Die Anmeldung an einer Grundschule nach Wahl bedeutet noch nicht, dass das Kind sicher angenommen wird. Die endgültige Aufnahme wird den Eltern zu einem späteren Zeitpunkt von der Schule mitgeteilt.

Eine Ablehnung der Schule kann unterschiedliche Gründe haben. Zum einem kann die Schülerkapazität überschritten sein, dann wird ein Auswahlverfahren nach der Ausbildungsordnung Grundschule (AO-GS §1) durchgeführt. Dabei werden Schüler, die bereits ein Geschwisterkind an der jeweiligen Grundschule haben bevorzugt. Zum anderen kann bei einer schweren Beeinträchtigung eines Schülers in Zusammenarbeit mit dem zuständigen Arzt des Gesundheitsamtes eine alternative Schulform mit einem *Förderschwerpunkt* favorisiert werden. In diesem ganz besonderen Fall werden Eltern von Ämtern eingehend beraten.

1, 2 oder 3? –
Die Wahl der richtigen Grundschule

D ie Wahl der richtigen Grundschule ist nicht immer ganz einfach. Vielleicht stellt sich bei einigen Eltern diese Frage gar nicht, da es nur eine einzige Grundschule in der näheren Umgebung gibt. Wenn aber mehrere Schulen zur Auswahl stehen, hat man, wie man so schön sagt, die Qual der Wahl. Zu früheren Zeiten setzten die Städte und Gemeinden einfach fest, welche Grundschule für welche Gebiete zuständig ist. Dies hat sich im Laufe der Jahre jedoch etwas verändert und Eltern haben nun mehr Auswahlmöglichkeiten.

Mehrere Aspekte sind hierbei zu bedenken. Wünschen Eltern für ihr Kind einen Unterricht mit einer bestimmten Glaubensausrichtung oder eine Schule mit jahrgangsübergreifenden Unterricht, wo Schüler der 1. und 2. Klasse sowie die Schüler der 3. und 4. Klasse gemeinsam unterrichtet werden? Weiterhin besteht die Möglichkeit des gemeinsamen Lernens.

Bei diesen sogenannten inklusiven Grundschulen werden gesunde Kinder gemeinsam mit Schülern mit körperlichen und/oder geistigen Beeinträchtigungen unterrichtet. Darüber hinaus bieten Schulen einen Unterricht nach Maria Montessori oder Waldorf an. Oder favorisieren Sie vielleicht eine „freie" Schule?

Viele Grundschulen bieten einen Tag der offenen Tür an, bei dem Eltern und Kinder die unterschiedlichen Schulen kennenlernen können. Diese Möglichkeit sollten Sie unbedingt nutzen! Häufig stehen die Schulleitung, die Leitung der Offenen Ganztagsschule sowie die Lehrer für die Beantwortung von Fragen zur Verfügung.

Bei den elterlichen Überlegungen ist es wichtig, dass zukünftige Schulkind in die Beratung mit einzubeziehen. Denn es ist das Kind, das mindestens vier Jahre diese Schule besuchen wird und sich dort wohl und geborgen fühlen soll.

Nicht zu unterschätzen ist auch, wenn Freunde Ihres Kindes dieselbe Grundschule besuchen werden. Bereits bestehende Freundschaften schaffen Vertrauen und erleichtern den Übergang vom Kindergarten zur Grundschule. Haben sich Kinder bereits im Kindergarten gut verstanden und sind zu einer festen Einheit geworden, kann auch eine gemeinsame Grundschulzeit bereichernd sein. Manchmal ist aber auch genau das Gegenteil der Fall: Es gibt Kinder, die davon profitieren würden, aus ihrem bekannten Wirkungskreis auszubrechen und neue Verbindungen einzugehen. Auch um sich selbst neu zu erfinden und frei und ohne Vorgeschichte einen neuen Abschnitt zu beginnen.

Wie Sie für Ihr Kind entscheiden, ist wichtig, aber Sie sollten diese wichtige Entscheidung wohl überlegt und im Sinne Ihres Kindes tätigen. Eltern kennen ihr Kind am besten und wissen genau, was das Beste für die schulische Zukunft ihres Kindes ist.

»Laut Angaben des statistischen Bundesamtes besuchte im Jahr 2010 bereits jeder zwölfte Schüler eine Privatschule. Die Tendenz zum Besuch einer Privatschule ist steigend. Der anhaltende Trend und die Ursachen zum Besuch einer privaten Schule sind vielfältig. Ein immer weiter steigender Bildungsdruck und die schwachen Ergebnisse aus Vergleichsarbeiten und der Pisa- Studie veranlassen immer mehr Eltern dazu, jede alternative Schulform in Betracht zu ziehen und somit die Bildungschancen ihres Kindes zu erhöhen. «

Auslegungssache –
Konfessionelle Grundschulen

Grundschulen gibt es viele, sicherlich auch in Ihrem Einzugsgebiet, jedoch vermitteln die Schulen unterschiedliche Glaubensansätze.
An städtischen Gemeinschaftsgrundschulen werden Schüler mit jeder Glaubensrichtung unterrichtet. Meist erteilen Fachlehrer katholischen und evangelischen Religionsunterricht, zudem wird an einigen Schulen ein Ausweichfach, wie zum Beispiel Ethik für Kinder ohne spezifischen Glauben, unterrichtet.

Anders sieht es an konfessionsgebundenen Grundschulen aus. Melden Eltern ihr Kind zum Beispiel an einer katholischen Grundschule an, so wird von Fachlehrern ausschließlich katholische Religionslehre unterrichtet. Zudem lebt jede konfessionelle Schule ihren Schulalltag entsprechend ihren meist christlichen Werten. An einigen Schulen wird jeden Morgen vor Beginn des Unterrichts ein gemeinsames Gebet gesprochen oder ein christliches Lied gesungen. Auch wird den christlichen Festen im Jahreskreis eine besondere Stellung beigemessen.

An einer rein katholischen Grundschule wird ausschließlich das Fach katholische Religion unterrichtet, sodass der Schüler daran verpflichtend teilnehmen muss. Zudem besuchen die meisten Grundschulen in regelmäßigem Abstand einen Schulgottesdienst in der entsprechenden Gemeinde. Ebenso verhält es sich an einer städtischen oder evangelischen Grundschule. Gottesdienste und Religionsunterricht werden mit evangelischem Schwerpunkt thematisiert und sind für die Schüler verpflichtend.

Auch nicht – konfessionelle Grundschulen feiern in den meisten Fällen die Feste im Jahreskreis, nur die Intensität unterscheidet sich individuell. Ob Ihr Kind an einem Religionsunterricht teilnehmen oder ob ein Alternativfach gewählt wird, ist an einer Gemeinschaftsgrundschule Ihre Entscheidung. Sie können Ihr Kind auch vom Religionsunterricht und Gottesdienst befreien lassen, die Abmeldung muss jedoch schriftlich erfolgen.
Wenn die Schule die notwenigen Kapazitäten hat, werden Alternativfächer angeboten. Dies ist jedoch nicht an jeder Grundschule der Fall.
Entsprechend gilt: Haben Sie besondere Wünsche an die religiöse Erziehung Ihrer Kinder, sollten Sie die Schule mit Bedacht auswählen.

Alle gemeinsam -
Inklusive Schule

Jedes Kind hat ein Grundrecht auf Bildung und Erziehung. Dieses Grundrecht schließt ebenfalls die *inklusive Bildung* von Kindern mit einer Behinderung ein. Noch vor einigen Jahren wurden Schüler mit einer geistigen und/oder körperlichen Beeinträchtigung ausschließlich an Schulen mit einem sonderpädagogischen Schwerpunkt unterrichtet. Dieses Konzept wurde in der Schulpraxis durch den Begriff der Inklusion erweitert.

Bei der Inklusion geht es darum, alle Barrieren in Bildung und Erziehung für alle Schüler auf ein Minimum zu reduzieren. Das inklusive Unterrichten an Grundschulen basiert auf einer Weiterentwicklung des Schulkonzeptes, bei dem alle Bedürfnisse unterschiedlicher Schülergruppen in besonderer Weise Beachtung finden.

Inklusive Bildung

→ gemeinsamer Unterricht von Schülern mit und ohne Behinderungen

Jeder Schüler lernt individuell und bringt unterschiedliche Bedürfnisse mit in den Schulalltag. Um allen Kindern einen individuellen Lernprozess zu ermöglichen, bedarf es jeweils angepasster Herangehensweisen im Unterricht.

Förderschullehrer

→ Lehrkräfte mit schwerpunktmäßiger Ausbildung von Schülern mit Behinderungen. Hierbei ist zwischen den unterschiedlichen Behinderungen zu unterscheiden.

Ein besonderes Augenmerk liegt beim gemeinsamen Unterricht von Schüler mit und ohne Behinderung auf der individuellen Förderung. Das gemeinsame Unterrichten unterstützt eine Verantwortung jedes einzelnen Schülers. Dadurch fließen unterschiedliche Kompetenzen der Kinder zusammen, wovon alle Schüler profitieren.

Alle Schüler, auch solche mit sonderpädagogischem Förderbedarf, sollen die Möglichkeit haben, gemeinsam mit Freunden an einer Schule zu lernen. Daher bietet eine inklusive Grundschule neben dem regulären Unterricht individuelle Förderungen an. Damit dieses Konzept zielbringend durchgeführt werden kann, unterrichten zusätzlich Lehrer für sonderpädagogische Förderung im Klassenverband individuell oder zeitweise in Kleingruppen. Somit kann ein Schüler mit einer Behinderung die meiste Zeit des Tages in seiner Klasse verbringen. Welchen Umfang und welche zeitliche Intensität die Förderung beinhaltet, hängt von der jeweiligen Beeinträchtigung ab.

Schulbegleiter

→ unterstützen Kinder mit körperlichen und/ oder geistiger Behinderung oder psychischer bzw. seelischer Störung im schulischen Alltag

Grundschulen, die inklusiv unterrichten, verfügen über eine besondere Ausstattung des Schulgebäudes wie Förderräume und Bewegungs-räume, entsprechendes sonderpädagogisches Personal und differenziertes Fördermaterial. Ebenfalls arbeiten neben der regulären Lehrkraft auch *Förderschullehrer* und *Schulbegleiter* mit den Schülern zusammen. Häufig profitieren nicht nur Schüler mit einer Behinderung von dem erhöhten Personaleinsatz und den Fördermöglichkeiten, sondern auch die Schüler ohne Förderbedarf.

Freiarbeit –
Maria Montessori

Grundschulen, die nach der ***Maria Montessori Pädagogik***, unterrichten, unterscheiden sich in vielen Details von einer regulären Grundschule. Die Montessori- Pädagogik ist ein reformpädagogisches Bildungskonzept, das die individuellen Bedürfnisse des Kindes im Blick hat und sich an ihnen orientiert. Somit wird die Persönlichkeitsentwicklung eines Schülers als Ganzes und ein Kind bereits als vollwertiger Mensch mit allen Entscheidungskompetenzen und eigenem Willen betrachtet. Jedem Schüler wird Raum für freie Entscheidungen eingeräumt, er wird im selbstständigen Denken und Handeln unterstützt.

Maria Montessori Pädagogik

→ „Hilf mir, es selbst zu tun!"

Leitsatz des Erziehungskonzeptes, welches jedes Kind als Einheit von Körper, Geist und Seele sieht. Die Entwicklung und Reifung vom Kind zum Erwachsenen vollzieht das Kind durch eigenes Handeln.

Die Montessori- Pädagogik spricht von einer sensiblen Phase. Dieses Konzept besagt, dass Kinder nicht irgendetwas lernen wollen, sondern zu einer bestimmten Zeit etwas ganz Bestimmtes. Daher bietet der Ansatz die Gelegenheit, den eigenen Lernbedürfnissen zu folgen. Dabei werden die Schüler angehalten, Schwierigkeiten eigenständig zu meistern.

Im Kern der reformpädagogischen Bildung Montessoris steht die Freiarbeitstheorie. Hierbei soll jeder Schüler durch die freie Selbstbestimmung die Entscheidung treffen, womit er sich thematisch auseinandersetzen möchte.

Die Montessori- Pädagogen beobachten die Schüler bei der Auswahl, helfen wenn notwendig bei der Entscheidung sowie individuell bei auftretenden Schwierigkeiten. Zudem bestimmt das Kind den Arbeitsrhythmus und die Dauer der Arbeitsphase selbst, ebenso entscheidet es sich, alleine oder mit einem oder mehreren Partnern zu arbeiten, zu lernen oder zu spielen.

Die freie Entscheidungsverantwortung führt zu einer Disziplin, die vom Schüler ausgeht und keine Motivation eines Erwachsenen benötigt. In den Freiarbeitsphasen herrscht eine ruhige und entspannte Arbeitsatmosphäre. Daher lernen Schüler an einer Montessori-Grundschule durch das Freiarbeitsmaterial alle Lerninhalte zu einem individuellen Zeitpunkt und auf unterschiedliche Weise.

Nicht jedes Kind ist an einer Grundschule nach Maria Montessori gut aufgehoben. Falls ihr Kind nur schwer für Buchstaben und Zahlen zu begeistern ist, wird es diesen Lerninhalten vielleicht konsequent ausweichen. Falls auch zu einem späteren Zeitpunkt keine intrinsische Motivation eintritt, muss ein Schüler, auch innerhalb des freien Konzepts, in die richtige Richtung gedrängt werden. Sollten Sie sich für eine Montessori-Grundschule interessieren, bedenken Sie immer auch die Fähigkeiten und die Veranlagung Ihres Kindes!

»Mittlerweile arbeiten über 1000 Schulen und Kindergärten nach der Montessori Pädagogik oder wenden diese in Teilbereichen in ihrem pädagogischen Konzept an.
Zurzeit arbeiten über 400 Schulen nach den Prinzipien der Maria Montessori Pädagogik, auch einzelne Montessori- Zweige eingerechnet. «

Soziale Gerechtigkeit –
Waldorfschulen

Waldorfschulen fallen unter die freien Schulen und setzen sich mit ihrem Konzept der *Anthroposophie* für soziale Gerechtigkeit im Bildungswesen ein. Unabhängig von der sozialen Herkunft oder der Begabung von Schülern erhalten alle Kinder eine gemeinsame Bildung. An Waldorfschulen können Schüler in den insgesamt 12 Schuljahren nicht sitzen bleiben. Um trotzdem bei jedem Schüler eine umfangreiche Bildung zu gewährleisten, setzen die Lehrer auf individuelle Förderung der jeweiligen Begabungen der Schüler. Der Lehrplan basiert auf den seelischen und geistigen Veranlagungen und individuellen Fähigkeiten. Daher unterrichten Waldorfpädagogen die Schüler ab dem ersten Schuljahr nicht nur in den verschiedenen sachbezogenen Unterrichtsthemen, sondern auch in vielen künstlerischen Bereichen. So werden die schöpferischen Fähigkeiten der Schüler stark gefördert.

Anthroposophie

→ 1920 von Rudolf Steiner entwickelte dreiheitliche Betrachtung des Menschen gegliedert in Leib, Seele und Geist

Gerade der handwerkliche Unterricht begünstigt die differenzierte und lebenspraktische Ausbildung für das spätere Berufsleben. Viele Eltern haben ein negatives Bild von Waldorfschulen, bei denen angeblich der Name getanzt wird. Jedoch hat dieses Schulprinzip, welches am Kind orientiert ist, viele Vorteile.

Einerseits lernen Schüler ohne größeren Druck alle wichtigen Schulinhalte im Unterricht im individuellen Tempo. Auf diese Weise wird die Schule jedem Schüler bei der Wissensvermittlung individuell gerecht und orientiert sich an der freien menschlichen Entfaltung. Andererseits bilden alle Schüler ihre gesellschaftlich relevanten Fähig- und Fertigkeiten im praktischen Umgang über viele Jahre hinweg aus und machen sich bereits frühzeitig Gedanken über ihre Berufswahl. Gerade dieser Aspekt fehlt vielen Schulabgängern nach einer staatlichen Schullaufbahn immer häufiger. Gerade Schüler, die handwerklich sehr geschickt und interessiert sind und sich mit wissenschaftlichen

Lehrmethoden schwerer tun, können in einer Waldorfschule eine optimale Beschulung erfahren.

Schüler lernen gerade in den unteren Jahrgängen durch einen bildhaften Unterricht. Dabei werden Gesetzmäßigkeiten und wesentliche Unterrichtprinzipien anschaulich gemacht und so schneller verstanden.

Ab dem 14. Lebensjahr werden die Waldorfschüler in den wissenschaftlichen Unterricht eingeführt. Dabei besteht die pädagogische Aufgabe darin, die Inhalte so zu vertiefen, dass er sich mit den Lebensfragen der Schüler verbindet und Antworten gibt.

Geschichtlicher Epochenunterricht fließt in unterschiedlichen Fächern in die Inhalte mit ein und wird nicht isoliert unterrichtet. So werden zum Beispiel in der Physikepoche physikalische Phänomene erarbeitet. Ebenfalls erlernen die Schüler ab dem ersten Schuljahr eine Fremdsprache. Hier können die Schüler zwischen Englisch, Französisch oder Russisch wählen.

An Waldorfschulen existiert kein übliches Zensurensystem. Zeugnisse bestehen aus möglichst detaillierten Charakterisierungen, die die Leistung, den Lernfortschritt, die Begabungen und das Bemühen in den unterschiedlichen Fächern verdeutlichen. Die Schüler schließen die Schule mit der mittleren Reife, Fachhochschulreife oder dem Abitur nach einem 13. Schuljahr ab. Es gelten auch hier die Bestimmungen der Bundesländer. Gerade in handwerklichen Betrieben sind die Waldorf- Schulabschlüsse besonders gern gesehen.

Um das Kind an einer Waldorfschule anmelden zu können, müssen Eltern einen Teil der Betriebskosten übernehmen. Die Elternbeiträge sind nach dem Einkommen der Eltern gestaffelt und können individuell ausgehandelt werden.

Das Erfolgsrezept von Waldorfschulen liegt also in der Individualität der Wissensvermittlung mit gleichzeitigem anerkannten Schulabschluss sowie der praktischen Ausbildung unterschiedlicher handwerklicher Ausrichtungen.

Philosophischer Ansatz –
Freie Schulen

Als weitere alternative Schulform können Eltern ihr Kind an einer *freien Schule* unterrichten lassen. Dabei ist der Begriff der freien Schule nicht geschützt und die einzelnen Einrichtungen unterscheiden sich oft erheblich. Eltern sollten sich daher sehr genau und bewusst über die unterschiedlichen Schulen informieren.

Einerseits bestehen Schulen in freier Trägerschaft, diese werden auch als staatlich anerkannte Ersatzschulen bezeichnet. Alle Ersatzschulen müssen sich an den staatlichen Lehrplänen orientieren und befähigen ihre Schüler, einen anerkannten Schulabschluss zu erwerben.

Freie Schulen

→ umfassen staatlich anerkannte und staatlich genehmigte Schulen

Unter dem Bundesverband der Freien Alternativschulen e.V. werden mehr als 100 Freie Schulen geführt.

Daneben gibt es staatlich genehmigte Ersatzschulen. Innerhalb dieser Institutionen können Schüler keinen offiziellen Schulabschluss absolvieren. Falls ein Abschluss nach Beendigung dieser Schulform gewünscht ist, müssen die entsprechenden Prüfungen an einer staatlichen Schule abgelegt werden. Sie sehen also, dass das kleine Wort– nämlich staatlich „anerkannt" und staatlich „genehmigt" – einen sehr großen Unterschied macht.

Dabei setzt Freilernen nicht automatisch freies Lernen voraus. Hier ist es besonders wichtig, nicht nach einer geeigneten Schule, sondern einem passenden Schulkonzept zu suchen.

Jede freie Schule wird von einer freien Trägerschaft geführt und ist somit eine private Schule. Dabei kann der Träger ebenfalls ein gegründeter Verein, eine GmbH oder eine Elterninitiative sein. Schulen in freien Trägerschaften erhalten vom Staat für jeden einzelnen Schüler ein Schulgeld zur anteiligen Deckung der laufenden Kosten. Der Restbetrag muss, meist etwa ein Drittel, von den Eltern übernommen werden.

An freien Schulen erhalten die Schüler keine Noten, vor allem nicht in Elementarfächern wie Deutsch oder Mathematik. Was viele Eltern als Vorteil für ihr eigenes Kind ansehen, kann auch Nachteile mit sich bringen. Eltern erhalten dadurch keine Bewertung ihres Kindes und müssen viel Vertrauen in das eigene Kind und die Pädagogen setzen. Denn auch an freien Schulen entscheidet der Schüler eigenständig, was er lernen möchte und zu welchem Zeitpunkt.

Zudem gibt es keine festen Klassenräume, in denen Klassen unterrichtet werden, sondern lediglich Jahrgangsstufen. Ebenfalls ist kein fester Lehrer für eine Jahrgangsstufe zuständig, sodass eine genaue und detaillierte Beobachtung durch eine feste Bezugsperson entfällt. Durch diese Freiheit können sich also unbemerkt Defizite in den allgemeinen Lerninhalten der Schule entwickeln und in manchen Fällen erst sehr spät erkannt werden.

Zudem sollte die Ausrichtung der freien Schule beachtet werden. Hinter einigen Schulen steht eine Philosophie oder eine Religion.

Freie Schulen starten individuell in den Tag, sodass meist ein flexibler Schulbeginn von acht bis zehn Uhr möglich ist. Inwieweit eine freie Schule wünschenswert und sinnvoll für das eigene Kind ist, sollten Eltern vor der Anmeldung auf jeden Fall kritisch prüfen.

Freiwilligkeit –
Demokratische Grundschule

Eine weitere Alternativschule ist die ***Demokratische Schule***. Es besteht keine einheitlich anerkannte Definition einer Demokratischen Schule. Jedoch besteht das verbindende Element darin, keinerlei verpflichtende oder wertende Vorgaben an die Schüler oder ihren Lernprozess zu stellen. An einer Demokratischen Schule ist der Unterricht freiwillig und Schüler lernen selbstbestimmt ohne Vorgaben eines Lehrplans.

Da es sich bei einer Demokratischen Schule um eine staatlich genehmigte Schule handelt, können die Schüler keinen offiziellen Schulabschluss ablegen. Die meisten Schüler werden jedoch auf die externe Prüfung der Mittleren Reife vorbereitet, die dann an einer staatlich anerkannten Schule absolviert werden kann.

Alle Schüler bewegen sich frei und ungehindert auf dem Schulgelände, wobei sie sich an die in der Gemeinschaft vereinbarten Regeln halten müssen. Alle Details des schulischen Alltags werden basisdemokratisch beschlossen, wobei jeder Schüler und jede Lehrperson eine Stimme hat. Wichtige Beschlüsse werden innerhalb von Schulversammlungen aller Schüler und Lehrer gefasst.

Demokratische Schulen

→ erstmals 1987 als Begriff verwendet,

beruht auf zwei Säulen:

Selbstbestimmtes Lernen &

Gleichberechtigung in der Gemeinschaft

Die Kernmerkmale einer Demokratischen Schule bestehen in der Gleichwertigkeit aller und der geteilten Verantwortung. Alle Entscheidungen werden von allen Mitgliedern der Schule unabhängig vom Alter oder Status kollektiv getroffen.

Das wichtigste Merkmal umfasst das selbstbestimmte Lernen der Schüler. Die Kinder wählen, was sie lernen möchten, wann, wie und mit wem. Lernen kann innerhalb eines Klassenraumes, jedoch auch außerhalb stattfinden. Dabei kann neben dem klassischen Studieren und Erforschen von Lerninhalten auch das Spielen stehen. Dem Spielen wird in allen Altersstufen eine positive

Wirkung beigemessen. Man geht von der intrinsischen Motivation der Schüler aus, nämlich, sich Wissen im eigenen Interesse anzueignen.

Dabei werden an Demokratischen Schulen Schüler unterschiedlichen Alters gemeinsam unterrichtet, um das Wissensspektrum zu erweitern. Schüler erhalten in allen Altersstufen keinerlei Noten oder Beurteilungen von Lehrern oder pädagogischem Personal. Die Schülerzahlen an Demokratischen Schulen variieren sehr stark. Kleine Schulen mit 15 Schülern bis zu großen Schulen mit 150 Schülern sind bekannt. In Deutschland gibt es 23 Demokratische Schulen (Stand 2019).

Wenn Eltern eine Demokratische Schule bevorzugen, müssen die anteiligen Schulkosten getragen werden. Zudem erheben mehrere Schulen eine Anmeldegebühr.

Die zwei Säulen des Demokratischen Schulgedankens:

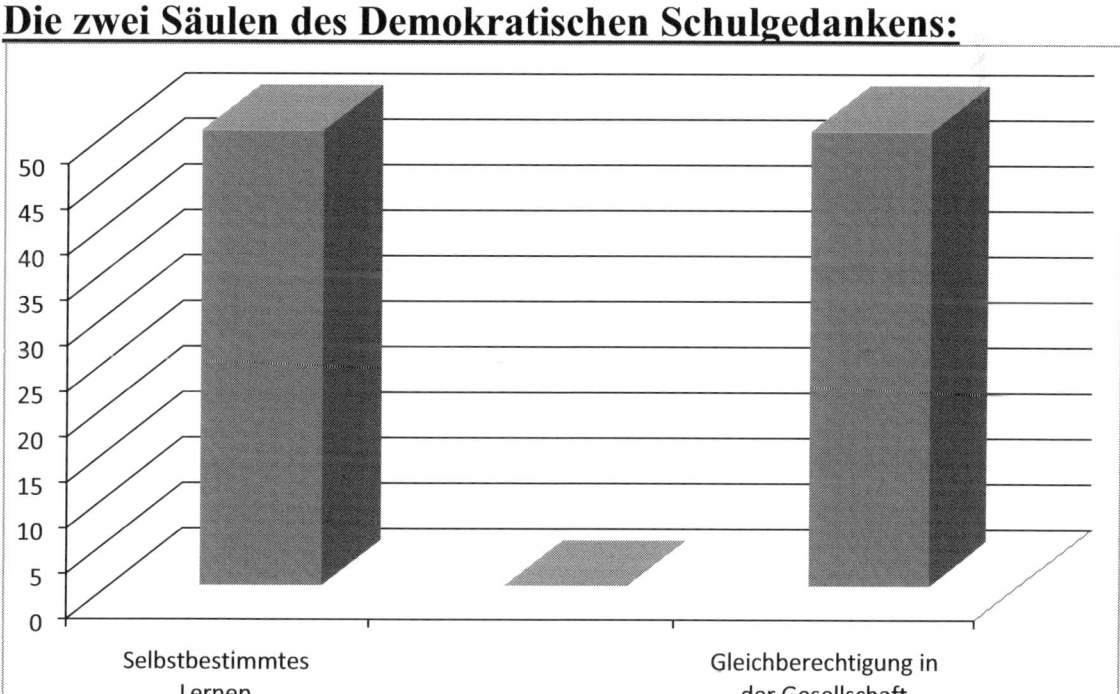

Tierische Lehrer –
Schulen mit tiergestützter Pädagogik

Immer mehr Grundschulen ergänzen ihr schulisches Konzept durch den Einsatz von geschulten Tieren. Diese Konzeption fällt unter die ***tiergestützte Pädagogik,*** auch tiergestützte Intervention genannt, und unterscheidet sich vom therapeutischen Tiereinsatz. Alle Maßnahmen des therapeutischen Tiereinsatzes werden von einem Therapeuten durchgeführt. Zur therapeutischen Arbeit zählen unter anderem Psychotherapie, Ergotherapie, Sprach- und Sprechtherapie sowie die Physiotherapie.

Hierbei werden Assistenzhunde eingesetzt, welche als permanente Begleiter einer bedürftigen Person fungieren.
Assistenzhunde sind häufig in inklusiven Grundschulen zur gezielten Unterstützung von Kindern mit Behinderungen zu finden.

Tiergestützte Pädagogik

→ Einsatz eines Tieres in Unterrichtssituationen durch die Lehrkraft

Unter tiergestützter Pädagogik werden dagegen alle Maßnahmen zusammengefasst, die von einem Pädagogen durchgeführt werden. Der Schwerpunkt dieser Arbeit liegt im Unterricht an allgemeinen Grundschulen. Hierbei setzt die ausgebildete Lehrkraft den Hund in Unterrichtssituationen ein, um die Schüler individuell sowie klassenintern zu fördern. Zudem wird die Lernmotivation und Konzentration der Schüler gefördert. Die allgemeine Lernatmosphäre gestaltet sich zudem positiv. Durch den respektvollen und achtsamen Umgang mit dem Tier können die Schüler ihre sozialen und emotionalen Kompetenzen erweitern. Auch das Kommunikationsverhalten der Schüler wird positiv beeinflusst.

Im Fokus des Schulalltags steht ein motiviertes Lern- und Arbeitsverhalten der Schüler. Durch die Anwesenheit des Hundes kann die Lautstärke im Klassenraum reduziert werden, sodass eine angenehme Akustik im Klassenraum entsteht. Diese Ruhe führt häufig zur Entspannung der Schüler und einer besseren Lernatmosphäre. Zudem wurde in Klassen mit einem Hund eine Verbesserung der Arbeitsergebnisse, der Sorgfalt und der allgemeinen Ordnung beobachtet.

Auch eine Grundschule mit dem Konzept der tiergestützten Intervention kann die richtige Wahl für Ihr Kind sein. Viele Schüler können von der Nähe zum Tier profitieren. Bei bestehenden Ängsten oder Allergien seitens der Schüler sollten Eltern diese Form der Schule allerdings kritisch hinterfragen und sich bei der Schule informieren. Schülern eröffnet sich die Möglichkeit, ihre Hunde- Angst abzubauen oder zu reduzieren.

Bei Allergien zeigt sich im laufenden Schulalltag, dass durch eine konsequente Hygiene und im Bedarfsfall durch Abstand kein Nachteil für entsprechende Schüler entsteht. Eltern können also viele Unsicherheiten im Vorfeld klären und vielleicht die Vorteile des Konzeptes auch für ihr eigenes Kind beanspruchen.

Lehrerin Nicole Golz mit Schulhündin Pepper

Schritt für Schritt –
Der Schulweg

Bei der Auswahl der Schule ebenfalls zu bedenken, ist die Nähe zum Wohnort und somit der entsprechende Schulweg. Mit dem Schuleintritt bewegen sich Kinder zunehmend ohne Begleitung im Umfeld des Wohnortes und auch im Straßenverkehr. Der Schulweg sollte von Beginn der Grundschulzeit eigenständig vom Schüler bewältigt werden können. Am besten ist die Schule gelegen, die Schüler zu Fuß und später vielleicht mit dem Roller oder Fahrrad erreichen können. In einigen Bundesländern existieren bereits *Schulwegpläne*, die einen möglichst sicheren Schulweg festlegen.

Ebenfalls arbeitet der ADAC mit Schulen und Polizisten zusammen, um Gefahren auf Schulwegen zu minimieren. Die Bundesländer Hessen, Nordrhein-Westfalen, Schleswig-Holstein und Thüringen haben verpflichtende Regeln zur Erstellung von Schulwegplänen beschlossen. Mecklenburg-Vorpommern, Rheinland-Pfalz, Saarland und Sachsen sprechen lediglich Empfehlungen für die Schulwege aus, und die Bundesländer Baden-Württemberg, Bayern, Berlin, Hamburg, Sachsen-Anhalt, Brandenburg, Bremen und Niedersachsen haben diesbezüglich keine Regelungen getroffen. Hier können Elterninitiativen gemeinsam mit dem ADAC und öffentlichen Kommunen an sicheren Schulwegen arbeiten.

Schulwegplan
→ Schulwegpläne stellen ortsbedingte sichere und differenzierte Schulwege dar

In einigen Bundesländern finden sich darüber hinaus Kooperationen mit Kindergärten, Grundschulen und der Polizei, sodass die Eltern frühzeitig von einem Polizisten zum sicheren Verkehrsverhalten geschult werden. Außerdem führt ein Polizist gemeinsam mit Eltern und Kindern eine Begehung des Schulweges durch, um Eltern und Schüler auf Gefahrensituationen aufmerksam zu machen. Dieses gemeinsame Üben ist sehr hilfreich und sollte, falls vorhanden, in Anspruch genommen werden.

Um den Weg sicher zu meistern und die individuellen Gefahren auf der Strecke zu kennen, sollten Eltern schon vor dem Schulbeginn den Laufweg gemeinsam mit dem Kind üben. Gefährliche Stellen sollten mehrfach gegangen werden, um Sicherheit zu gewinnen. Darüber hinaus sollte das richtige Verhalten an Ampeln, Kreuzungen und Zebrastreifen besprochen werden. In den ersten Wochen können Eltern das Kind gerade mit der schweren Schultasche, begleiten und in kritischen Situationen unterstützen. Diese Hilfestellung sollte dann jedoch Stück für Stück reduziert werden, um die Eigenverantwortung zu stärken.

Es sollte, wenn möglich, vermieden werden, dass Schüler von ihren Eltern mit dem Auto zur Schule gebracht zu werden. Sollte es nicht zu umgehen sein, sollten die Schüler etwas von der Schule entfernt aussteigen, um zumindest das letzte Stück zur Schule zu laufen. Die Bewegung vor dem Schulbeginn, verbunden mit frischer Luft, stärkt die Abwehrkräfte und bereitet Körper und Geist auf den Schulalltag vor. Durch einen aktiven Nachhauseweg verarbeiten die Schüler bereits viele Situationen aus dem Schulalltag oder können im gemeinsamen Gespräch mit Schulkameraden Gedanken sortieren und ein wenig entspannen.

Beträgt der Schulweg mehr als zwei Kilometer, steht dem Schüler der Transport mit einem Schulbus zu. Die zuständige Stadt oder Gemeinde übernimmt in diesem Fall die Schülertransportkosten und stellt eine Busfahrkarte zur Verfügung. In den meisten Fällen, besonders in kleineren Ortschaften, werden spezielle Schulbusse eingesetzt, sodass die Kinder nicht mit den öffentlichen Linienbussen fahren müssen. Diese Tatsache erleichtert die Fahrt mit dem Bus.

Wichtiger Brief –
Termin beim Gesundheitsamt

Ein unverzichtbarer und sehr wichtiger Termin vor Schulbeginn ist die *Schuleingangsuntersuchung*. Diese Untersuchung ist für alle zukünftigen Schulkinder verpflichtend. Die Untersuchung erfolgt durch einen Arzt des Kinder- und Jugendgesundheitsdienstes im Gesundheitsamt. Dieses teilt Ihnen den Termin zur Untersuchung Ihres Kindes mit.

Während dieser Untersuchung wird überprüft, ob Ihr Kind körperlich altersgemäß entwickelt ist und die allgemeinen psychischen und physischen Voraussetzungen erfüllt, um den Anforderungen im Schulalltag gewachsen zu sein. Ebenfalls werden Fähigkeiten im Bereich der visuellen und auditiven Wahrnehmung, die Beweglichkeit und motorische Geschicklichkeit sowie die soziale und emotionale Stabilität geprüft. Ein besonderes Augenmerk wird auf die Entwicklung der Sprache gelegt.

Schuleingangsuntersuchung

→ auch S1 oder SEU genannt

Einschulungsuntersuchung

→ auch ESU genannt

Die Ergebnisse werden Ihnen im Anschluss an die Untersuchung als Kopie ausgehändigt. Die zukünftige Grundschule erhält ebenfalls ein schriftliches Gutachten mit den Ergebnissen der Untersuchung. Bei besonderen Auffälligkeiten der Untersuchung tauscht sich der Amtsarzt mit der entsprechenden Schulleitung über den gesundheitlichen Zustandes des Kindes aus und sie beraten, ob einer regulären Einschulung zugestimmt werden kann.

Sie werden groß –
Übergang Kindertagesstätte zur Grundschule

Der Eintritt in die Grundschulzeit ist für jedes Kind eine spannende und ganz neue Erfahrung. Die Verabschiedung vom Kindergarten, von den Freunden und Erziehern nimmt vielen Kindern ein großes Stück der bisherigen Regelmäßigkeit im Tagesablauf. Daher ist es besonders wichtig, den Kindern Sicherheit für den bevorstehenden Schuleintritt zu vermitteln. Wichtig ist hier eine offene und ehrliche Kommunikation zwischen Erziehern, Lehrern und Eltern. Eine gute Zusammenarbeit erleichtert den Übergang vom Kindergarten zur Grundschule.

In der bisherigen Kindertagesstätte wurden wichtige Bildungs- und Wissensprozesse vermittelt und angebahnt. Damit nun an den individuellen Bildungsstand des Kindes angeknüpft werden kann, ist ein Austausch zwischen allen Bildungspersonen enorm wichtig. Im konstruktiven und kontinuierlichen Austausch soll die individuelle Entwicklung des Kindes in den Mittelpunkt des pädagogischen Handelns gestellt werden.

Dazu bieten viele Grundschulen Kooperationen mit den Einrichtungen im unmittelbaren Einzugsgebiet an. Gemeinsame Aktivitäten wie Waldnachmittage, Sommerfeste, Theater- und Zirkusaufführungen, Probeunterricht oder auch wöchentliche Schnupperstunden bieten den Schulneulingen die Möglichkeit, die zukünftige Grundschule bereits im Vorfeld kennenzulernen. Somit können die Kinder gemeinsam mit ihren Erziehern das Schulgebäude, die Lehrer und den neuen Tagesablauf im geschützten und vertrauten Rahmen beschnuppern. Häufig finden diese Probetage gemeinsam mit den Erstklässlern statt, um einen realistischen Schulalltag mit Unterrichtsstunden und Pausensituationen zu erfahren.

In welcher Form das Kennenlernen auch stattfindet, dabei werden immer unterschiedliche schulische Kompetenzen entwickelt und verschiedene Fertigkeiten und Fähigkeiten im sprachlichen, mathematischen und naturwissenschaftlichen Bereich gestärkt. So wird den Kindern der Schulanfang enorm erleichtert!

Der tägliche Begleiter – Tornisterkauf

E r soll gut sitzen, nicht zu schwer sein und vor allem gut aussehen – der erste Tornister. Schon lange vor dem großen Einschulungstag machen sich Eltern, Großeltern, Paten und die zukünftigen Schulkinder auf die Suche nach dem richtigen Schulranzen.

Da bei den Kindern die spannenden Motive und bunten Farben im Vordergrund stehen, sollten die erwachsenen Begleiter beim Kauf auf einige grundlegenden Details achten: In der Regel tragen die Schüler den ersten Tornister vier Jahre lang, nämlich die gesamte Grundschulzeit. Damit der tägliche Begleiter auch allen Ansprüchen genügt, sollten folgende Aspekte beachtet werden:

Schultaschen gibt es in zwei Ausführungen: als Schulrucksäcke und Schulranzen.
Der klassische Schulranzen überzeugt seit vielen Jahren mit einem festen und beinahe starren Korpus, die Rückenpartie ist gepolstert und unterstützt den Kinderrücken beim Tragen. Bei diesem Modell wird das Schulmaterial vor Knicken und Dellen geschützt. Das klassische Schulranzenmodell wird jedoch immer häufiger von den moderneren Schulrucksäcken verdrängt.

Diese Modelle bestechen durch einen flexiblen Korpus, sind meist schmaler geschnitten und überzeugen die kleinen Kunden mit Brustgurten und Beckenflossen. Diese zusätzlichen Gurte bieten einen sicheren Halt und erleichtern das Transportieren auf dem Schulweg, aber auch beim Fahrrad- oder Rollerfahren.

Das Gewicht spielt mittlerweile eine große Rolle. Der Inhalt einer Schultasche wird schwer, daher ist es von Vorteil, wenn das Leergewicht möglichst gering ist. Modelle gibt es von 780 Gramm bis 1400 Gramm.

In puncto Sicherheit rüstet die Industrie immer weiter auf. Tornister sind meist mit reflektierenden Einheiten an der Hinter- und Vorderseite ausgerüstet. Bei vielen Modellen reflektieren ebenfalls die Seiten des Tornisters. Weiterhin finden sich Varianten auf dem Markt, die mit LED Leuchtbändern ausgerüstet sind, die durch Mignonzellen betrieben werden. Diese Variante ist somit nicht wartungsfrei und muss entsprechend gepflegt werden.

Es gibt Schulranzen die der **DIN-Norm 58124** entsprechen. Diese DIN-Norm erfordert eine hochformatige Bauweise mit sicheren Bauteilen, wie abgerundete Kanten sowie Standsicherheit und Stabilität. Ebenfalls muss der Ranzen eine ergonomische Form des Rückpolsters (atmungsaktiv) und eine wasserabweisende Eigenschaft des Außenmaterials aufweisen. Das Tragesystem muss mit mindestens 4 Zentimeter breiten Tragegurten und einem zusätzlichen Tragegriff ausgestattet sein. Zur Sichtbarkeit am Tag und bei Nacht sind reflektierende Flächen und Signalfarbflächen unabdingbar.

DIN 58124 Norm

→materielle Sicherheitskriterien basierend auf Ergebnissen von Wissenschaft, Technik und Erfahrung

Bei kurzen, gut beleuchteten Schulwegen ist eine Erfüllung der DIN-Norm nicht zwingend notwendig. Bei langen und schlecht beleuchteten Schulwegen, die vielleicht noch stark befahren sind, sollte eine Schultasche unbedingt der DIN-Norm entsprechen.

Wer einen Schulranzen erwirbt, bekommt meist weitere nützliche Begleiter dazu. Es handelt sich um ganze Sets, die mittlerweile im Fachhandel angeboten werden. Neben dem eigentlichen Tornister findet man Federmäppchen, Schlampermäppchen, Turnbeutel, Schwimmtaschen, Trinkflaschen, Heftboxen, Portemonnaies und Brotdosen, alles passend zum Design des Tornisters. Welche Accessoires ein Kind wirklich benötigt, ist individuell unterschiedlich.

Sicherlich ist neben dem Tornister auch das Federmäppchen wichtig. Viele Kinder besitzen zudem ein Schlampermäppchen für Filzmaler, Schere und Klebestift.

Einen Sportbeutel benötigt ein Schüler während der Schulzeit auf jeden Fall, aber ob dieser wirklich zum Tornister passen muss, ist zweitrangig. Häufig stellt sich schnell heraus, dass der mitgelieferte Turnbeutel für Schuhe, T-Shirt und Hose zu knapp bemessen ist. Dann muss ohnehin auf ein größeres Modell umgestiegen werden. Hier ist sicherlich direkt die größere und robustere Schwimmtasche empfehlenswert. Diese kann für den Sport- und Schwimmunterricht genutzt werden.

Bci dcn Heftboxen gehen die Meinungen stark auseinander: Einige Eltern und Lehrer schwören auf die Kunststoffboxen, die Hefte und Schnellhefter vor Knicken schützen sollen, andere verfluchen diese Erfindung. Gerade Erstklässler können mit dem Ein- und Auspacken der unterschiedlichen Materialien zu Beginn der Schulzeit stark überfordert sein. Wenn sie nun noch das Gesuchte aus einer Extrabox heraussuchen und vor allem dorthin zurück packen sollen, ist das Chaos bei einigen Kindern vorprogrammiert. Und die Geduld bei Erwachsenen schnell am Ende.

Aus meiner schulischen Erfahrung kann ich nur sagen, dass Hefte, Bücher und Mappen bei pfleglichem Umgang ähnliche Gebrauchsspuren aufweisen, egal ob mit oder ohne Heftbox. Einen Brustbeutel benutzt das Kind während der Grundschulzeit sicherlich häufiger, sodass diese Anschaffung sinnvoll sein kann.

Bei Frühstücksdose und Trinkflasche ist bei den zum Tornister passenden Produkten meist von Vorteil, dass diese genau in die dafür vorgesehenen Taschen passen. Allerdings ist hier die Lebensdauer beschränkt, sodass zu einem späteren Zeitpunkt sowieso umgestiegen werden muss. Generell gilt: Oft ist weniger mehr. Nachkaufen kann man immer noch.

Welches Modell am besten für ein Kind geeignet ist, erfahren Eltern bei einem Fachhändler. Dort können unterschiedliche Varianten ausprobiert und dem Kinderrücken individuell angepasst werden. Sprechen Sie vor dem Einkauf mit Ihrem Kind und machen Sie ihm klar: Nicht immer passt das Traummodell und eventuell muss ein anderer Ranzen ausgewählt werden. Weiß das Kind im Vorfeld Bescheid, hält sich die Enttäuschung hoffentlich in Grenzen.

Der Inhalt muss stimmen –
Einkaufsliste der Schule

Damit der Tornister am ersten Schultag nicht ohne Inhalt in die Schule getragen wird, sollten die wichtigsten Materialien bereits im Vorfeld gekauft werden. Wann und wie sie die Materialliste erhalten, handhaben die Schulen unterschiedlich. Einige Schulen händigen Eltern die Liste bereits am Anmeldetag aus, andere verschicken sie mit der Schulzusage für das Kind. Es gibt sogar Schulen, die ihre Liste ausschließlich auf ihrer Homepage als Download zur Verfügung stellen. Eltern sollten sicherstellen, dass alle Materialen bis zum Einschulungstermin vollständig vorhanden sind. Mit der entsprechenden Liste können alle notwenigen Materialien, wie zum Beispiel Hefte, Mappen und Sonstiges, in einem gut sortierten Schreibwarenhandel gekauft werden.

DIN- Norm Nummern

→ 2005 erfolgte deutschlandweit die Einführung der Lineatur- DIN- Nummern 16552-1.

Lineatur-Bezeichnung 1-4 entspricht den Grundschulklassen.

Häufig geben Schulen sehr genau an, welche Materialien genutzt werden. Bei Heften werden meist genaue *DIN- Norm Nummern* genannt. Eltern sollten sich möglichst an diese Nummern halten, auch wenn es gegebenenfalls günstigere Alternativen gibt. Denn die Lehrer überlegen sich sehr genau, warum es gerade diese *Sonderlineatur* sein muss.

Sonderlineaturen erste Klasse:

→ ZL (Zahlenlernheft),

SL (Schreiblernheft),

R (Rechenheft mit extragroßen Kästchen von 10x10 mm)

→ Nummer karierter Lineaturen entspricht der Kästchengröße

Es geht speziell in der ersten Klasse um die Qualität der Hefte, die teureren Exemplare halten das anfängliche kräftige Drücken mit dem Bleistift und das recht wilde, unkontrollierte Radieren besser aus als die günstigen Varianten.
Gleiches gilt für Bleistifte und Buntstifte, Qualität zahlt sich hier besonders aus.

Sollte ein Kind mit der linken Hand schreiben, sollten ausschließlich Stifte für Linkshänder gekauft werden. Beim Anspitzer sollte ein Dosenanspitzer gekauft werden, der im Idealfall für dicke und dünne Stifte geeignet ist.

Ein besonderer Tipp an dieser Stelle in Sachen Kunstmaterialien: Beim Wasserfarbkasten sollten Eltern unbedingt ein Qualitätsprodukt kaufen, die Farben malen deckend und erleichtern dem Kind das künstlerische Malen, ebenfalls sollten Zeichenblöcke der Größe A3 aus dickerem Papier mit 120g/qm wählt werden. Dieses Papier wellt sich nicht und nässt selbst bei ersten Wasserfarbversuchen nicht durch.

Beim Kleber wählen sie am besten eine Verpackung aus Kunststoff, diese reist nicht, sodass der Kleber unkontrolliert ausläuft. Beim Klebestift sollten sie auf die modischen farbigen Varianten verzichten, diese sehen zwar toll aus, kleben aber qualitativ deutlich schlechter.

Die Schere sollte zur Handgröße des Schülers passen. Gerade wenn ein Kind Linkshänder ist, hilft eine geeignete eigene Schere sehr.

Überraschung mit Schleife –
Die Schultüte

Das Angebot an kunterbunten Schultüten ist riesig – von selbstgebastelten, über Kunststoff oder aus Stoff genäht, alles ist heutzutage zu erwerben. Für welche Schultüte Sie sich entscheiden, liegt bei Ihnen und dem Wunsche Ihres Kindes. Viele Kindergärten basteln mit ihren Vorschülern individuelle Schultüten. Dieser Brauch erhöht die Vorfreude auf die Schulzeit und bietet die Möglichkeit, sich gedanklich von der Kindergartenzeit zu verabschieden.

Welches Modell gewählt wird, ist für die Schulzeit nebensächlich. Wichtig ist jedoch, dass der Tag der Einschulung durch die Schultüte besonders spannend wird. Der Inhalt sollte von den Eltern oder Paten sinnvoll gewählt sein, Süßigkeiten und kleine Aufmerksamkeiten freuen das Kind, ebenfalls können sich benötigte Materialien, wie neue Sportschuhe, das Federmäppchen, der Farbkasten, eine Trinkflache oder die Sporttasche, darin befinden.

Eltern und Verwandte sollten das Kind nicht mit riesigen Geschenken überfrachten, denn das Tollste sollte sein, dass das Kind nun endlich ein Schulkind ist. Noch ein Tipp in puncto Größe und Gewicht: Der Schüler muss die Schultüte selbstständig tragen und sollte auf einem Einschulungsfoto hinter der Tüte auf jeden Fall noch zu sehen sein! ☺

Der große Tag –
Einschulung

Der große und langersehnte Tag ist endlich da! Aufgeregt wird Ihr Kind der Einschulung schon Tage oder sogar Wochen entgegenfiebern. Je nach Bundesland ist es am ersten oder zweiten Schultag nach den Sommerferien endlich so weit. Einige Bundesländer legen die Einschulung sogar auf den ersten Samstag nach den Ferien, damit der Ablauf in der Schule nicht gestört wird. Somit ist es vielen Familienmitgliedern möglich, die Einschulung mitzuerleben und gemeinsam mit dem ABC- Schützen zu feiern.

In jeder Grundschule werden die Schulanfänger aufwändig und herzlich begrüßt und willkommen geheißen. Viele Schulen beginnen den aufregenden Tag mit einem gemeinsamen Gottesdienst, danach geht es zur weiteren Tagesordnung in die Schulen. Häufig heißen neben der Schulleitung, den künftigen Klassenlehrern auch einzelne Klassen die neuen Mitschüler mit Aufführungen und kurzen Ansprachen willkommen.

Anschließend werden die Erstklässler einer Klasse aufgerufen und von dem entsprechenden Klassenlehrer in den zukünftigen Klassenraum begleitet. Oftmals gibt es zudem für die Eltern die Möglichkeit ein gemeinsames Klassenfoto zu machen und die Zusammensetzung der Klasse festzuhalten.

Am Tag der Einschulung findet in den meisten Fällen noch kein regulärer Unterricht statt. Die kleinen Schulkinder lernen ihre Klassenlehrer und den Klassenraum kennen. Außerdem bekommen sie einen Platz im Klassenraum zugewiesen oder dürfen sich einen Sitzplatz frei auswählen. Meistens sind die Klassenräume sehr freundlich und kindgerecht gestaltet, sodass die Kinder sich schnell wohl fühlen. Oft stehen bereits die jeweiligen Namensschilder auf den Tischen, wodurch jedem Schüler vermittelt wird, zur neuen Gemeinschaft dazuzugehören.

Häufig bekommen die Kinder am ersten Schultag bereits eine erste Hausaufgabe auf, zum Beispiel soll das Klassenmaskottchen angemalt oder der Inhalt und das Aussehen der Schultüte gemalt werden. Das Schulkind sollte die ersten Hausaufgaben ganz in Ruhe erledigen können, auch wenn Gäste warten, denn ganz sicher möchte es die Aufgabe des

Lehrers gewissenhaft und nicht in Eile erledigen. Eltern sollten also etwas Zeit an diesem Tag für die Hausaufgaben einplanen, auch wenn viel auf dem Programm steht.

Wie die Einschulungsfeier von der jeweiligen Grundschule gestaltet wird, ist also von Schule zu Schule anders. Einen detaillierten Gestaltungsplan erhalten Eltern rechtzeitig im Vorfeld.

Am Tag der Einschulung benötigt Ihr Kind den Tornister, meist mit allen Materialien, die von der Schule gewünscht werden. Ebenfalls ist die Schultüte für den Schüler besonders wichtig! Sicherlich möchte sich das Kind hübsch kleiden. Eltern sollten dies ruhig unterstützen, denn der Tag wird besonders werden, auch für die Erwachsenen. Es beginnt nun eine ganz neue Zeit im Familienleben. Die Kinder genießen es, an diesem Tag im Mittelpunkt zu stehen und gemeinsam mit ihren Eltern und eventuell anderen Familienmitgliedern zu feiern. Falls im Anschluss an die Einschulung in einem Lokal gefeiert oder gegessen werden soll, ist eine Reservierung lange im Voraus zu empfehlen!

Die erforderlichen Schulbücher erhält der Schüler in den meisten Fällen von der jeweiligen Grundschule als Leihgabe. In vielen Bundesländern müssen Eltern nur einen geringen Anteil an den Schulbüchern selber bezahlen. Dieser Betrag wird von der Schule vor der Einschulung, häufig bei der Anmeldung, mitgeteilt. Die Klassenlehrer werden die Bücher entsprechend an das Kind verteilen und vielleicht sogar in der Klasse deponieren. Nicht alle Bücher müssen jeden Tag mit nach Hause genommen werden, damit sich das Gewicht des Ranzens Grenzen hält.

ALLGEMEINE
INFORMATIONEN
ÜBER DIE
GRUNDSCHULE

Alltag in weiter Ferne –
Die ersten Schulwochen

Die ersten Schulwochen werden die bisherige Familienorganisation sicherlich ziemlich durcheinanderbringen. Die frühe und verpflichtende Anfangszeit ist wahrscheinlich eine neue Herausforderung für das Schulkind und seine Eltern, genauso wie der neue Schulweg. Daher sollten Familien versuchen, schon einige Wochen vor dem Schulbeginn ihren morgendlichen Rhythmus langsam auf „Schule" umzustellen. Vielleicht hilft es, gemeinsam zu einer festen Zeit zu frühstücken und die zeitlichen Abläufe zu proben? Wie lange dauern das Anziehen, ein entspanntes Frühstück, die Zubereitung des Pausensnacks und der Schulweg?

Wenn sich bereits einige Tage vor dem eigentlichen Start eine kleine Routine entwickelt hat, wird zur Premiere vieles leichter und schneller von der Hand gehen. Denn auch wenn die Kindergartenzeit schon einige Jahre sicher gemanagt wurde, werden sich im Schulalltag dennoch einige Strukturen ändern.

Aus diesem Grund sollten feste Abläufe und Aufgaben innerhalb der Familie ritualisiert werden, um Eltern zu entlasten und das Kind im Prozess der Selbstständigkeit zu unterstützen. Aufgaben, die sich täglich oder wöchentlich wiederholen, sollten bewusst wahrgenommen werden und die Verantwortlichkeiten festgelegt werden.

Natürlich sollten Eltern, gerade in der Anfangszeit der Grundschule, ein genaues Auge auf alle zu erfüllenden Aufgaben haben, jedoch hilft einem Kind die stille Kontrolle beim eigenständigen Denken und Handeln am besten. Wenn Eltern bereits früh beginnen, ihren Sprösslingen Verantwortung zuzusprechen, wachsen Kinder schnell über sich hinaus und beginnen eigenständig, ihre schulischen und privaten Belange zu überblicken und zu organisieren.

Somit wird ein Schüler schrittweise selbstbestimmter und eigenständiger im Handeln. An diesem Punkt wird es für Eltern immer einfacher und entspannter, denn schon nach meist kurzer Zeit werden sie bemerken, dass einige Kontrollen entfallen oder zumindest auf einzelne Stichproben reduziert werden können.

Das Schönste wird jedoch nicht die Arbeitsentlastung sein, sondern das Wissen, dass der Nachwuchs wieder einen großen Schritt in Richtung Eigenverantwortung zurückgelegt hat.

Aufgabenbereiche, die sich im familiären Alltag ergeben, sind sicherlich vielfältig. Die folgende Checkliste bietet eine grobe Aufgabenübersicht, die für eine umfassende Planung hilfreich sein kann.

Tägliche Aufgaben in der Grundschulzeit-Checkliste für Eltern und Schüler

- Federmäppchen aufräumen (auf Vollständigkeit prüfen, Stifte spitzen)
- Ordnung im Tornister überprüfen
- Einzelne, lose Arbeitsblätter in Schnellhefter einheften
- Hausaufgaben auf Vollständigkeit und evtl. Richtigkeit kontrollieren
- Brotdose mit Pausensnack bereiten und einpacken
- Leere Brotdose ausräumen
- Getränk einpacken
- Getränkeflasche auspacken
- Sportkleidung packen und mitnehmen
- Sportkleidung auspacken, waschen
- Schwimmkleidung packen und mitnehmen
- Schwimmkleidung auspacken, aufhängen
- Postmappe leeren
- Informationen der Schule lesen und zur Kenntnis nehmen
- Evtl. Geldbeträge möglichst passend bereitstellen und einpacken
- Test und Klassenarbeiten vorzeigen
- Test und Klassenarbeiten unterschreiben
- Volle Hefte aussortieren, neue Hefte kaufen und einpacken
- Schlampermäppchen auf Vollständigkeit prüfen

Wie die Aufgaben nun in einer Familie aufgeteilt und organisiert werden, ist sehr unterschiedlich. Als großes Endziel sollte ein Schüler alle schulischen Belange eigenständig organisieren bzw. an Sie herantragen, ohne dass Eltern danach fragen oder hinterherlaufen müssen. Als Hilfestellung kann gesagt werden, dass kleine Aufgaben von Beginn an beim Kind liegen sollten, wie zum Beispiel das Ein- und Auspacken der Brotdose und der Getränkeflasche.

Diese Verantwortung kann ganz leicht an das Schulkind abgegeben werden, da durch das Zubereiten und Befüllen der Gefäße eine direkte Kontrolle stattfindet, ohne das Kind danach fragen zu müssen. Wenn die Dose und Flasche nicht da sind, kann als Resultat kein

Frühstück eingepackt werden. Die Konsequenz sollte einem Kind früh bewusst sein, sodass diese Aufgabe zu einem festen Ritual am Morgen vor der Schule oder direkt nach dem Heimkommen wird.

Aus schulischer Sicht ist die Eigenverantwortung in puncto Sportkleidung wichtig, sicherlich benötigt ein Erstklässler in der ersten Zeit noch Unterstützung beim Lesen des Stundenplans und auch beim Herauslegen der Sportkleidung, jedoch sollte ein Schulkind dann am entsprechenden Morgen an seine Sporttasche denken und vor allem, dass sie nach Unterrichtsschluss auch wieder mit nach Hause genommen wird. Nicht selten erleben Lehrer, dass Eltern Sporttaschen vom Haken ihres Viertklässlers holen, um den Inhalt zu waschen, da die Schüler nie gelernt haben, eigenständig daran zu denken.

Eltern sollten sich die Verantwortung und den Druck nehmen, an diese Dinge denken zu müssen, denn es gibt genügend Aufgaben, die sie neben ihrem Arbeitsalltag bewältigen müssen. Mit jeder Schulwoche und jedem einzelnen Schuljahr sollte das Kind mehr Aufgaben eigenständig erledigen, sodass Eltern sich in ihrer Verantwortung zurückziehen und „nur" noch verwalten und kontrollieren. Daher sollten sie alle Aufgaben mit dem Kind gemeinsam besprechen und es aktiv anleiten, Selbstständigkeit zu erlernen.

Ein gemeinsames Kontrollieren des Tornisters auf Vollständigkeit und das gemeinsame Abheften einzelner Arbeitsblätter sollte genutzt werden, um dem Kind zu erklären, dass diese Aufgabe ein Schulkind eigenständig erledigen sollte. Stifte sollten alleine angespitzt und die Postmappe selbstständig gezeigt werden, wenn es in der Schule wichtige Mitteilungen für die Eltern gab. Die Lehrer werden den Schülern recht deutlich sagen, dass zum Beispiel ein Brief eine wichtige Information für die Eltern enthält. Somit können Eltern sich nach hoffentlich kurzer Zeit schon darauf verlassen, wichtige Informationen präsentiert zu bekommen, und müssen nicht mehr täglich die Postmappe überprüfen.

Ebenso verhält es sich mit umgekehrten Informationen der Eltern an die Lehrer. Häufig werden diese über das Hausaufgabenheft ausgetauscht. Anfänglich ist ein tägliches Kontrollieren sinnvoll, mit der Zeit genügen längere Abstände. Eltern müssen ihrem Kind verdeutlichen, dass wichtige Informationen am gleichen Tag weitergegeben werden müssen und welche Konsequenzen aus einem Versäumnis resultieren. Dabei sollen keine Bestrafungen als Konsequenz folgen, sondern mit dem Kind über die Auswirkungen gesprochen werden. Ein Appell an die Eigenverantwortung des Schulkindes bringt häufig Einsicht.

Beim Thema Geld scheiden sich die Geister, jedoch sollte auch in diesem Fall die Verantwortung beim Kind liegen. Es werden in den meisten Fällen keine Unsummen eingesammelt, sodass Eltern den Betrag ihrem Kind unbesorgt anvertrauen sollten. Falls der zu zahlende Betrag nicht passend ist, besprechen sie mit ihrem Kind, welchen Betrag es bezahlen soll und welche Summe es von der Lehrkraft zurückbekommt. Somit hat der Schüler einen Überblick und weiß, dass der Restbetrag sicher verstaut wieder mitzubringen ist.

Das Thema Hausaufgaben ist sicherlich ein besonders schwieriges und wichtiges. Im Kapitel Hausaufgaben wird darauf besonders eingegangen. Doch auch hier gilt: Die Verantwortung für die Hausaufgaben liegt in erster Instanz beim Schüler!

Diejenigen unter Ihnen, die sich gerade dabei ertappen, in Panik zu verfallen, weil es bei Ihnen ganz anders läuft, kann ich beruhigen! Es besteht bei vielen Schülern eine große Diskrepanz zwischen Theorie und der Praxis! Vielleicht haben Sie ein Kind am Küchentisch sitzen, bei dem jeden Tag aufs Neue Stifte, Jacken und Mützen im Bermudadreieck der Schule auf unerklärliche Weise verschwinden oder das beim Aufschreiben der Hausaufgaben gerade verhindert war. ☺

Bleiben Sie motiviert und verfolgen Sie den Spruch: „Der Weg ist das Ziel!" Oder besser noch: „Am Ende wird alles gut!" Auch Ihr Kind wird irgendwann das Ziel der Selbstständigkeit erreichen.

Zurück in die Grundschule –
Die Elternmitwirkung

Eine vertrauensvolle und partnerschaftliche Zusammenarbeit zwischen Eltern und allen Instanzen der Schule ist eine entscheidende Voraussetzung für erfolgreiches Lernen sowie eine gute und solide schulische Entwicklung jedes Kindes. Die Verbindung zwischen Erziehungsberechtigten und Lehrern sollte als eine gegenseitige und ergänzende Partnerschaft verstanden werden. Gemeinsame Ziele und Methoden der Bildung und Erziehung sollten in dieser Beziehung immer wieder thematisiert und diskutiert werden.

Eltern können sich an der Grundschule in vielen Bereichen einbringen: Neben der Unterstützung der jeweiligen Klasse und der entsprechenden Lehrkraft bei Ausflügen, Bastelaktionen, Projekttagen, Festen, Aufführungen und Ausstellungen arbeiten Eltern mit Lehrern und pädagogischen Mitarbeitern kollektiv an den Zielen und Grundsätzen der jeweiligen Grundschule.

Dabei werden Arbeitsschritte, Regelungen und letztendlich die Ziele für das gemeinsame Lernen und Leben in der Gemeinschaft der Schule erarbeitet, reflektiert und stetig überarbeitet. Durch eine konstante Zusammenarbeit wird sichergestellt, dass alle einflussreichen Instanzen der Schule beachtet und gehört werden. Unterschiedliche Ansichten werden dadurch zu einem großen Ganzen zusammengefasst. Aufgrund dieser gemeinschaftlichen Erarbeitung können auftretende Konflikte und Unstimmigkeiten gering gehalten und meist schnell gelöst werden.

In diesem Arbeitsteam werden zum Beispiel Absprachen über die Hausaufgaben und die Schulordnung getroffen. Darüber hinaus wirken Eltern bei der Weiterentwicklung des Schulprogramms mit und werden in die Festlegung von Erziehungsmaßnahmen beratend mit einbezogen. Hier kann kollektiv über ein Maßnahmenkatalog bei Regelverstößen diskutiert werden oder geplante Projekte, wie Präventivprogramme gegen Gewalt oder Projekte zur sexuellen Aufklärung, beschlossen werden.

Auch im Rahmen des Offenen Ganztagsangebots der Schule ist die Mitarbeit der Eltern gern gesehen. Hierbei können engagierte Eltern in Absprache mit der Leitung des Offenen Ganztags Angebote selbstständig übernehmen oder bereits bestehende Angebote unterstützen. Ebenfalls können Eltern Exkursionen innerhalb der Institution Ganztagsschule begleiten.

Übersicht schulinterner Gremien

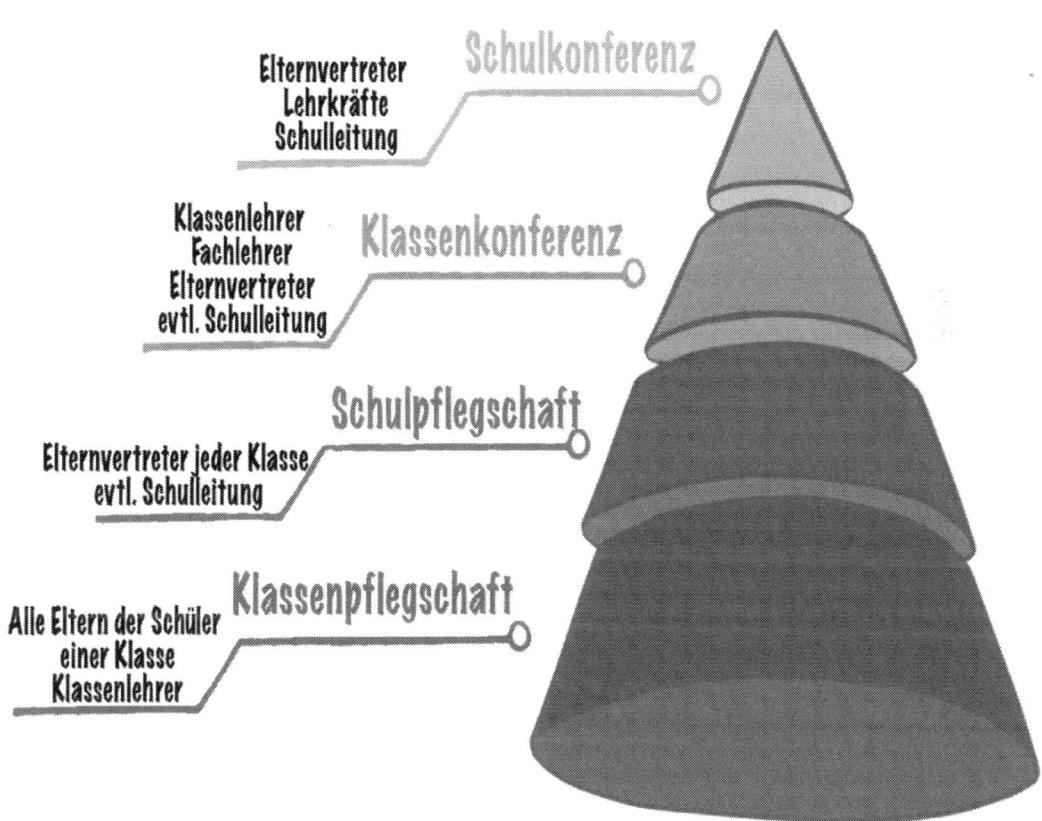

Elternvertreter
Lehrkräfte
Schulleitung

Schulkonferenz

Klassenlehrer
Fachlehrer
Elternvertreter
evtl. Schulleitung

Klassenkonferenz

Schulpflegschaft

Elternvertreter jeder Klasse
evtl. Schulleitung

Klassenpflegschaft

Alle Eltern der Schüler
einer Klasse
Klassenlehrer

Zurück im Klassenraum – Elternabende

Am Anfang jedes Schulhalbjahres laden die Klassenpflegschafts-vorsitzenden zur Klassenpflegschaftssitzung der jeweiligen Klasse ein. Häufig und besonders zu Beginn des ersten Schuljahres erfolgt diese Einladung auch vom jeweiligen Klassenlehrer bzw. ab dem zweiten Halbjahr der ersten Klasse vom Vorsitzenden und dem Lehrer gemeinsam. Die Lehrkraft informiert die Klassenpflegschaft über einen ausgewählten Termin und die anstehenden Themen der Klassenpflegschaftssitzung und bittet das entsprechende Elternteil, die Elternschaft zu diesem Termin einzuladen und Themen seitens der Eltern auf der Einladung zu ergänzen.

An diesem Termin, der in der Regel Elternabend genannt wird, werden alle aktuellen Informationen des Schulhalbjahres an die Eltern weitergegeben. Häufig werden Unterrichtsinhalte der einzelnen Fächer, Lernbereiche und -methoden sowie Leistungsermittlungen besprochen. Darüber hinaus müssen bei dieser Zusammenkunft alle Anträge seitens der Lehrkraft oder der Elternschaft abgestimmt und schriftlich fixiert werden. Unter diese Abstimmungen fallen zum Beispiel Ausflugsziele und entstehende Kosten, Arbeitshefte oder die Anschaffung einer Lektüre durch die Eltern. Ebenfalls werden alle wichtigen Informationen rund um das Schuljahr mitgeteilt. Dies können wichtige Termine wie Elternberatungszeiten oder schulische Veranstaltungen sein.

Ein besonders wichtiger Tagespunkt ist die Wahl des Klassenpflegschafts-vorsitzenden und dessen Vertretung. Die Amtszeit beträgt jeweils ein Jahr. Die Elternvertreter werden immer im ersten Halbjahr des neuen Schuljahres in geheimer Wahl durch die Elternschaft bestimmt.

Die Aufgaben der Pflegschaft sind vielseitig. Die jeweiligen Elternteile arbeiten eng mit der Lehrkraft zusammen und fungieren als Verbindung zwischen Lehrern und Eltern der Klasse. So sollte die Pflegschaft ein offenes Ohr für die Elternschaft haben und Fragen, Anregungen und Bedenken, die von einem Großteil der Eltern geäußert werden, an die Lehrkraft herantragen und klären oder vermitteln.
Bei einzelnen, schwerwiegenden Schwierigkeiten oder Konflikten innerhalb der Klassengemeinschaft oder von einzelnen Schülern wird die Lehrkraft den Pflegschaftsvorsitzenden informierend und beratend mit in die Situation einbeziehen.

Darüber hinaus planen die gewählten Eltern federführend in Ausschüssen zum Beispiel Sommer- oder Schulfeststände, Ausflüge, Elternstammtische und Abschlussfahrten und -feiern. Die Vorsitzenden aller Klassen bilden zudem die Schulpflegschaft einer Grundschule. In Ausnahmefällen können die Lehrkräfte die jeweiligen Vorsitzenden einer Klasse zu einer Klassenkonferenz beratend mit einladen.

Viele Eltern blicken dem ersten Elternabend sowie dem ersten Elternsprechtag mit Unbehagen entgegen. Einige Eltern verspüren sogar Sorge oder Angst.

Erziehungsberechtigte berichten, dass es ein sehr unangenehmes Gefühl hervorruft sich zurück in einem Klassenraum zu begeben und dort an winzigen Tischen und Stühlen an die eigene Schulzeit erinnert zu werden. Das negative Gefühl legt sich bei vielen Eltern nach dem jeweiligen ersten Termin. Nur bei wenigen Elternteilen bleibt das unangenehme Gefühl über die weiteren vier Jahre bestehen.

Vom Klassenraum ins Lehrerzimmer –
Die Schulpflegschaft

Aus den gewählten Klassenpflegschaftsvorsitzenden der einzelnen Klassen der Schule setzt sich die Schulpflegschaft zusammen. Die Vertreter können ebenfalls, genau wie die Schulleitung, unterstützend und beratend an den Sitzungen der Schulpflegschaft teilnehmen. Die Schulpflegschaft ist die Interessenvertretung aller Eltern der Schule.

In ihrer Tätigkeit berät sie über unterschiedliche Themen vorab und bespricht diese ausführlich, zu denen in der Schulkonferenz Entscheidungen getroffen werden sollen. Innerhalb dieses Gremiums werden die unterschiedlichen Standpunkte der Elternvertreter ausgetauscht. Darüber hinaus informiert meist die Schulleitung über geplante Änderungen im Schulalltag, zum Beispiel über eine geplante Umstellung auf ein anderes Lehrbuch. Die Schulpflegschaft muss über eine angestrebte Änderung abstimmen.

Entspannt für Eltern –
Die Klassenkonferenz

Bei der Klassenkonferenz können sich die Eltern meist ganz entspannt zurücklehnen, denn innerhalb dieses Gremiums haben sie keine Verpflichtungen. Die Klassenkonferenz setzt sich aus allen in der jeweiligen Klasse unterrichtenden Lehrkräften sowie dem (sozial-)pädagogischen Personal zusammen. Sie kann in unterschiedlichen Situationen die Vorsitzende der Klassenpflegschaft beratend zu der Klassenkonferenz einladen.

Innerhalb der Klassenkonferenz werden die Bildungsarbeit sowie die Erziehungsansätze besprochen und evaluiert. Darüber hinaus wird eine Klassenkonferenz bei schweren oder langanhaltenden Schwierigkeiten innerhalb einer Klassengemeinschaft oder aufgrund einzelner Schüler einberufen. In diesen Fällen wird dann mit allen Beteiligten die gemeinsame Vorgehensweise besprochen. In gravierenden Fällen kann ein Beschluss innerhalb einer Klassenkonferenz für eine vereinbarte Zeit zum Ausschluss eines Schülers vom Unterricht oder der Klassengemeinschaft führen.

Besonders wichtig! –
Die Schulkonferenz

Als wichtigstes und oberstes Mitbestimmungsgremium der Schule ist die Schulkonferenz zu verstehen. Innerhalb der Grundschulen setzt sich die Schulkonferenz aus den Vertretern der Elternvertreter und der Lehrkräfte zusammen. Der Vorsitz während der Schulkonferenz obliegt der Schulleitung.

Die im Schulgesetz festgeschriebenen Aufgaben der Schulkonferenz sind umfangreich. Verschiedene Grundsätze, eigenständige Vorschläge und Stellungnahmen können innerhalb der Schulkonferenz verabschiedet werden. Die Aufgabenbereiche umfassen die kontinuierliche Weiterentwicklung des Schulprogramms sowie allgemeine Möglichkeiten der Qualitätsentwicklung und -sicherung.

Zudem werden Kooperationen mit *außerschulischen Partnern* sowie außerunterrichtliche Ganztags- und Betreuungsangebote beschlossen. Auch die Verteilung und der Umfang der Hausaufgaben sowie Klassenarbeiten sind Thema, ebenso die Terminierung beweglicher Ferientage. Ebenfalls plant die Schulkonferenz die Organisation der Schuleingangsphase und die Einführung neuer Lernmittel. Grundlegende Entscheidungen, wie die Umstellung der Schule zum Gemeinsamen Lernen oder die Benennung der Schulleitung obliegt dem Gremium. Weiterhin wird über die Art und Weise der Dokumentation des Arbeits- und Sozialverhaltens innerhalb der Zeugnisse abgestimmt.

Außerschulische Partner

→ alle Institutionen die mit Schule oder offenen Ganztag kooperieren, Sportvereine, Musik- und Malschulen, Museen, Bibliotheken, etc.

Zudem wird Anträgen der Schulleitung zugestimmt oder diese abgelehnt. Die Schulkonferenz hat umfangreiche Gestaltungsrechte innerhalb der innerschulischen Organisation, sie bestimmt die Unterrichts- und Erziehungsarbeit sowie die Koopcration zu außerschulischen Partnern maßgeblich mit.

Zurück auf kleine Stühle –
Der Elternsprechtag

D ie wesentliche Voraussetzung für erfolgreiches Lernen und eine solide schulische Entwicklung eines Kindes ist eine vertrauensvolle und partnerschaftliche Zusammenarbeit zwischen Eltern und Lehrkräften. Beide Parteien ergänzen sich einander in dieser Partnerschaft, indem sie sich über erreichbare Ziele und die angewandten Methoden der Bildung und Erziehung verständigen. Wenn sich Fragen ergeben, suchen Eltern am besten das persönliche Gespräch mit den Lehrkräften. Ein fester Bestandteil zur Rückmeldung über den Leistungsstand des Schülers ist der Elternsprechtag.

In regelmäßigen Abständen, meist einmal im Halbjahr, lädt die Klassenlehrerin zu einem etwa 15–minütigen Gespräch in die Schule ein. Ein Elterngespräch kann jedoch, je nach Anlass, auch weniger bzw. mehr Zeit in Anspruch nehmen. Unterschiedliche Themen werden während des Treffens besprochen: etwa der momentane Leistungsstand, die kontinuierlichen Leistungsentwicklungen oder auch *Förder- oder Fördermöglichkeiten* des Kindes. Ebenfalls könnte die soziale und/ oder emotionale Entwicklung Zentrum des Gespräches sein.

Fördermöglichkeiten

→ zielen auf die gezielte Verbesserung bei Defiziten ab

Fordermöglichkeiten

→ Angebote für besonders begabte/ talentierte Schüler

Falls Eltern Themen zu besprechen oder Fragen an die Lehrkraft haben, sollten sie diese vorher notieren, um möglichst gut vorbereitet zu sein. Weiterhin kommen beim Aufschreiben vielleicht weitere, damit zusammenhängende Fragen auf. Falls sich keine spezifischen Fragen ergeben, ist dies kein Problem, die Lehrkraft wird sicherlich genug Einzelheiten über das jeweilige Kind zu berichten wissen.

Immer wieder kommt mir in meinem Beruf zu Ohren, dass Eltern Angst vor dem Elternsprechtag haben. Dabei sollten Eltern daran denken und sicher sein, dass dem Lehrer das Wohl jedes einzelnen Schülers am Herzen liegt und sie gemeinsam die kindliche Entwicklung bestmöglich begleiten wollen. Auch wenn die Lehrkraft vermeintlich negative Aspekte berichtet oder Defizite in der Lernentwicklung bespricht, ist dies kein Grund zur großen Sorge. Gemeinsam werden Möglichkeiten und Lösungswege zur Verbesserung und Steigerung der Leistung erarbeitet.

Alle Informationen eines Gespräches werden stets vertraulich behandelt und helfen letztendlich dem Kind. Daher sollte die Arbeit immer gemeinschaftlich und niemals gegeneinander stattfinden.

Seit der Corona-Pandemie im Jahr 2020/2021 führen immer mehr Schulen, zum Infektionsschutz, die Elternsprechtage kontaktlos durch.
Daher werden möglichst viele Gespräche telefonisch oder via Videokonferenz durchgeführt. Besonders Eltern und Lehrer der ersten Klassen haben den Wunsch sich gegenseitig besser kennenzulernen.
Daher bietet sich die Videotelefonie in diesem Fall besonders an, um sein Gegenüber auch visuell wahrzunehmen.

Hilfe gesucht -
Der Förderverein

Neben den direkten schul- und erziehungsbezogenen Themen bietet der Förderverein eine gute Möglichkeit zur Mitgestaltung von Schule. Der Vorstand des Fördervereins arbeitet eng mit der Schulleitung und einem ausgewählten Team von Lehrern zusammen. Innerhalb dieses Gremiums werden gemeinsame Ziele und Pläne des Schullebens festgelegt und entsprechend umgesetzt.

Gemeinsam werden Schulfeste, Sponsorenläufe und besondere Projekte geplant, gestaltet und finanziell unterstützt. Außerdem bietet der Förderverein der Schule Unterstützung bei Anschaffungen von besonderen Schulmaterialien wie zum Beispiel Spielgeräten, Spielen, Büchern und alternative Schulmaterialien an. Ein weiterer großer Gewinn des Fördervereins kann die finanzielle Unterstützung von benachteiligten Familien, zum Beispiel beim Bezahlen einer Klassenreise, sein.

Fördervereinsmitglieder haben unter anderem die Aufgabe, durch direktes und persönliches Ansprechen von Eltern den Mitgliederkreis zu erweitern.

Dazu nehmen zum Teil die Vorsitzenden des Fördervereines an den Klassenpfleg-schaftssitzungen der ersten Klassen teil, um den Verein dort vorzustellen, um für eine aktive Teilnahme zu werben und den zukünftigen neuen Eltern an der Schule zu erklären, was die Fördervereinsarbeit beinhaltet. Es ist wichtig zu erkennen, wie viel Herzblut in der Angelegenheit steckt und wie wichtig jeder Einzelne ist. Denn je höher die Anzahl der aktiven Mitglieder des Fördervereins ist, desto produktiver können Hilfen und Aktionen gefördert werden. Auch passive Mitglieder unterstützen das Schulleben zumindest durch eine finanzielle Zuwendung.

Freie Tage notwendig –
Beurlaubungen

Falls Eltern ein Kind für eine bestimmte Zeit vom Unterricht befreien möchten oder müssen, brauchen sie dazu triftige Gründe. Eine Beurlaubung vom Unterricht von einem bis zu mehreren Tagen wird bei der Schule beantragt. Befreiungen werden immer individuell betrachtet und entsprechend behandelt.

In den meisten Fällen darf der Klassenlehrer den Schüler einen Tag für einen besonderen Grund ohne Absprache mit der Schulleitung vom Unterricht befreien. Ein Antrag auf mehrere Tage muss schriftlich bei der Schulleitung eingereicht und entsprechend von der Schulleitung bewilligt werden. Wichtigen Gründen, wie zum Beispiel eine Hochzeit, Termine bei Ämtern oder unaufschiebbare Arztterminen, wird eigentlich immer zugestimmt.

Ebenfalls werden Reha oder Kuraufenthalte von der Schule immer bewilligt. In diesem besonderen Fall, wenn ein Kind mehrere Wochen nicht am Unterricht teilnehmen kann, sollte der Klassenlehrer rechtzeitig über den Aufenthalt informiert werden, damit gemeinsam Absprachen über den Unterrichtsstoff getroffen werden können. Bei mehrtägigen Beurlaubungen, zum Beispiel für eine Familienfeier an einem entfernten Ort, kann es hilfreich sein, die Einladung dem Befreiungsschreiben an die Schulleitung beizufügen, um aufkommende Fragen zu vermeiden.

In keinem Fall wird eine Beurlaubung direkt vor oder nach Ferien genehmigt, weder von der Lehrkraft noch von der Schulleitung, da eine Freistellung in unmittelbarer Nähe zu den Ferien vom Schulgesetz nicht zulässig ist. Falls es trotzdem genau zu diesem Zeitpunkt einen triftigen Grund für die Freistellung gibt, können Eltern ihren Antrag durchaus stellen. Ob diesem Antrag zugestimmt wird, hängt vom Grund der Befreiung und subjektiven Eindruck der Schulleitung ab. Einen Versuch ist es, in sehr wichtigen Fällen, sicherlich wert.

Erkältungszeit –
Krankmeldungen

Im Laufe der Grundschulzeit wird ein Kind sicherlich den einen oder anderen Tag aufgrund einer Erkrankung am Unterricht nicht teilnehmen können. Jede Schule regelt die Krankmeldungen individuell. An einigen Schulen soll bereits am Morgen im Sekretariat angerufen werden. Bei anderen Schulen muss man die Krankmeldung auf einen entsprechenden Anrufbeantworter sprechen.

Welche Regelung an der jeweiligen Schule besteht, erfahren Eltern zu Beginn der Schulzeit am Elternabend oder sie fragen gezielt nach. In der Regel dürfen erkrankte Kinder bis zu zwei Tage aus elterlichem Ermessen ohne *ärztliches Attest* der Schule fernbleiben. Ab dem dritten Tag sollte ein ärztliches Attest zur Vorlage beim Klassenlehrer ausgestellt werden. Eine Unterrichtsbefreiung füllen Ärzte ebenfalls aus, wenn ein Termin auf den Vormittag fällt und ein Schüler verspätet zum Unterricht kommt.

Ärztliches Attest

→ ab dem dritten Tag

erforderlich

Im Falle einer Erkrankung oder Verletzung, die eine längerfristige Teilnahme am Sport- und Schwimmunterricht verhindert, sollte dem Sport- und Schwimmlehrer vom entsprechenden Arzt ein schriftliches Attest vorgelegt werden. Falls sich die Befreiung über einen Zeitraum von mehr als 3 Wochen erstreckt, sollte mit den jeweiligen Lehrkräften thematisiert werden, ob und inwiefern eine Benotung möglich ist.

Besonderes Augenmerk –
Chronische Erkrankungen/ Diabetes

Chronische Erkrankungen kommen leider auch bei jüngeren Kindern immer häufiger vor. Die meisten Schüler sind auch mit ihrem individuellen Krankheitsbild gut in der Lage, eine „normale" Grundschule zu besuchen.

Falls die Beeinträchtigung schon vor der Einschulung besteht, sollten Eltern das Erkrankungsbild schon bei der Schulanmeldung der Schulleitung mitteilen, um alle Fragen rund um den Krankheitsverlauf und die individuellen Besonderheiten des Kindes im persönlichen Gespräch zu erläutern und Unsicherheiten aus dem Weg zu räumen. Eventuell können Klassen auch entsprechend des Handicaps gebildet werden. Sollte ein Kind aus körperlichen Gründen etwa keine Treppen steigen können, so muss dies bei der Klassenraumverteilung bedacht werden. Vielleicht hat auch eine Lehrkraft bereits Erfahrungen mit der jeweiligen Erkrankung gemacht, wovon alle profitieren können.

Chronische Krankheitsbilder gibt es in unterschiedlichen Formen und mit unterschiedlicher Ausprägung. Natürlich kann die Erkrankung den Besuch einer regulären Grundschule behindern, wenn die Schule und das Schulgebäude nicht für entsprechende Erkrankungen ausgestattet sind. Sollte es sich jedoch um eine Krankheit handeln, die einen regulären Schulbesuch ohne größere Beeinträchtigungen zulässt, steht diesem meist nichts im Wege.

Eine besondere chronische Erkrankungsform, von der Schüler immer öfter betroffen sind, ist die Zuckerkrankheit Typ 1-Diabetes. In den meisten Fällen schließt Diabetes einen Besuch einer regulären Grundschule nicht aus. Voraussetzung ist eine gute Einstellung des Schülers und eine engmaschige Überprüfung des Blutzuckers. Falls das erkrankte Kind beim Messen des Blutzuckers und beim Spritzen von Insulin noch Unterstützung benötigt, sollte eine externe Person zur Unterstützung der Lehrkraft mit einbezogen werden. Eine Lehrkraft darf einem Schüler nur im lebensgefährlichen Notfall ein Medikament verabreichen.

Daher können etwa die Eltern oder ein Pflegedienst die entsprechenden Maßnahmen übernehmen. Bei jüngeren Kindern kann ein ***Integrationshelfer*** für den Schüler engagiert werden, damit die Eltern dem Kind im Prozess der Eigenständigkeit nicht im Wege stehen. Ein Integrationshelfer muss beantragt und durch die entsprechenden Ämter bewilligt werden.

Integrationshelfer

→ auch Schulbegleiter oder Schulassistenz genannt. Sie unterstützen Schüler im inklusiven Unterricht mit körperlichen, geistigen oder seelisch- emotionalen Einschränkungen.

Sollte sich erst im Laufe der Grundschulzeit eine chronische Erkrankung ausbilden, sollte schnellstmöglich mit der entsprechenden Lehrkraft Rücksprache gehalten werden und im persönlichen Gespräch alle weiteren Maßnahmen und Schritte geklärt werden. Sicherlich gibt es für jeden Krankheitsverlauf eine schulinterne, individuelle Lösung.

Unterricht in den eigenen vier Wänden – Hausunterricht bei schwerer Krankheit

Schüler, die aufgrund einer langfristigen Erkrankung länger als sechs Wochen nicht am Unterricht der Schule teilnehmen können, haben einen gesetzlichen Anspruch auf die Beschulung durch Hausunterricht. Ebenfalls schließt diese Regelung Kinder mit ein, die krankheitsbedingt an mindestens einem kompletten Tag in der Woche den Unterricht nicht wahrnehmen können.

Um Hausunterricht zu beantragen, benötigen Eltern ein Attest des Fach- oder Hausarztes. Mit diesem Schriftstück kann ein Antrag beim zuständigen Schulamt gestellt werden. Das Schulamt entscheidet über die Durchführung und den Umfang des Unterrichts zu Hause. In den meisten Fällen wird eine Lehrkraft der Stammschule für die entsprechenden Stunden des Hausunterrichts abgeordnet. In diesem Fall unterrichtet die Lehrkraft das erkrankte Kind zu Hause und erteilt nach den Bestimmungen der §§43 bis 46 der Ausbildungsordnung sonderpädagogische Förderung (AO-SF).[1] Dabei versucht der Lehrer, die Unterrichtsinhalte der jeweiligen Schule zu vermitteln. Es werden im Hausunterricht ausschließlich die *Kernfächer* unterrichtet, in der Grundschule umfasst dies die Fächer Deutsch, Mathematik, Sachunterricht und Englisch.

Zum Ende eines Schuljahres oder bei Beendigung des häuslichen Unterrichts hält die Lehrkraft die Leistungen in einer schriftlichen Beurteilung fest. Dabei wird der erreichte Bildungsstand sowie die Leistungsfähigkeit des Schülers berücksichtigt und beurteilt. Nach erfolgreicher Genesung nimmt der Schüler, zunächst mit reduzierter Stundenzahl, den regulären Unterricht wieder auf und stockt die Stundenzahl langsam und stückweise in einer Wiedereingliederung auf. Zum Ende des Schuljahres sollten sich Eltern und Lehrer über den aktuellen Bildungsstand austauschen und ermitteln, ob der Schüler das Klassenziel erreichen konnte.

Kernfächer

→ Hauptfächer der Grundschule: Deutsch, Mathematik, Sachunterricht und Englisch

Pollen, Staub und Nüsse –
Allergien

In unserer Gesellschaft entwickeln immer mehr Menschen Allergien gegen die unterschiedlichsten Stoffe des täglichen Lebens. In den meisten Fällen können die Personen bzw. Schüler mit den bekannten Allergien gut umgehen. Einschränkungen im Schulalltag gibt es zumeist nur wenige.

Sollte jedoch ein Schüler an einer Lebensmittelallergie leiden und zum Beispiel auf Nüsse sensibel reagieren, kann das für das Kind im Falle eines allergischen Schocks lebensgefährlich sein. Bei solchen starken und gefährlichen Allergien müssen die Schule und insbesondere die Lehrkräfte, die das entsprechende Kind unterrichten, ausreichend informiert sein. Zudem sollte ein Notfallmedikament in der Schule deponiert und Lehrer entsprechend mit dem Umgang vertraut gemacht werden. Nur so kann dem Kind in einer Notsituation schnell und richtig geholfen und eine lebensgefährliche Situation verhindert werden.

Eltern von allergischen Schülern sollten ebenfalls darüber nachdenken, ob alle Eltern der Klasse über die Allergie, zum Beispiel bei der Elternpflegschafts-sitzung oder in einem Elternbrief, informiert werden. Dies kann hilfreich und erforderlich sein, wenn schon Spuren eines Lebensmittels zu einer Reaktion führen.

Ein Beispiel aus dem Schulalltag: Ein Kind reagiert allergisch auf Erdnüsse, Spuren führen zu einer Atemnot, eine orale Aufnahme des Lebensmittels würde unweigerlich zu einer lebensgefährlichen Schockreaktion führen. Also könte es bereits kritisch sein, wenn ein Mitschüler eine Nussmischung im Klassenraum isst. Noch gefährlicher wird es, wenn zum Beispiel zum Geburtstag eines Schülers Kuchen, Muffins oder Süßigkeiten verteilt werden, die entsprechendes Allergen enthalten.

Daraus wird deutlich, wie wichtig eine lückenlose Informationskette innerhalb des Klassenverbandes ist. Mit entsprechenden Informationen und Vorsichtsmaßnahmen lassen sich kritische Situationen vermeiden. Einem regulären Schulalltag steht dann nichts mehr im Wege.

Jedes Jahr einmal – Geburtstag feiern

Einmal im Jahr steht ein besonderes Ereignis im Leben an, der Geburtstag. Kinder fiebern diesem besonderen Tag mit großem Eifer entgegen. Schüler möchten ihren persönlichen Ehrentag ganz besonders erleben und gestalten. Da viele Geburtstage in die Schulwochen fallen, wird auch in der Schule entsprechend gefeiert.

In vielen Schulen hat es Tradition, dass das Geburtstagskind den Mitschülern eine leckere Kleinigkeit in die Schule mitbringt. Neben Süßigkeiten, Kuchen, Keksen und Muffins, achten immer mehr Schulen auf eine gesunde und zuckerreduzierte Ernährung. So bieten sich zum Beispiel auch Obst- oder Gemüsespieße als Alternative an, die toll schmecken und zudem noch gesund sind.

Eltern sollten sich bei der Lehrkraft darüber informieren, was zum Geburtstag mitgebracht werden kann, um Unstimmigkeiten zu vermeiden. Achten sie ebenfalls auf bekannte Allergien der Mitschüler. Eine schöne Idee ist, wenn anstatt Süßigkeiten ein Buch für die Klassenbücherei gekauft wird. Das geschenkte Buch kann dann am Geburtstag vom Kind oder der Lehrkraft vorgestellt und angelesen werden. Oder sie erweitern mit einem Gesellschaftsspiel die Spielsammlung der Klasse.

Immer erreichbar –
Das Smartphone

Handys oder Smartphones sind aus unserem Alltag nicht mehr wegzudenken. Selbst jüngere Schüler sind mittlerweile im Besitz eines Smartphones und nutzen dieses für unterschiedliche Zwecke.

Auch Eltern vertrauen in vielen Situationen auf die positive Funktion dieses Gerätes. Sie können ihr Kind jederzeit erreichen und über spezielle Ortungssysteme den momentanen Standort des Kindes lokalisieren. Darüber hinaus vermittelt es eine gewisse Sicherheit, wenn sich der Sprössling jederzeit telefonisch mit den Erziehungsberechtigten in Verbindung setzen kann. Diese dauerhafte Kontrolle wird von vielen Schulen sehr kritisch gesehen und in einigen Fällen sogar untersagt.

Das Mobilgerät darf zwar auf dem Schulweg verwendet werden, muss jedoch während des gesamten Schultages ausgeschaltet bleiben und in der Schultasche verstaut werden. Halten sich Schüler nicht an die genannten Regeln, darf die Schule das Smartphone beschlagnahmen und erst nach dem Unterricht wieder herausgeben. Einige Schulen sehen sogar vor, dass Eltern das Gerät persönlich in der Schule abholen müssen, um so eine Sensibilisierung der Eltern und Schüler zu erreichen. Es stellt sich bei einigen Eltern die Frage, warum Schulen eigentlich so kritisch mit beim Gebrauch von Mobilgeräten sind.

Dazu gibt es unterschiedliche Ansätze. Einerseits sollen sich Schüler während der Schulzeit ausschließlich und ohne Ablenkung von außen auf das Schulgeschehen konzentrieren. Andererseits ist der Datenschutz zu beachten. Schüler könnten Fotos oder Videos von Lehrern und Mitschülern machen, was gegen den Datenschutz verstößt. Ebenfalls verfügen mittlerweile Smartphones über Abhörfunktionen, was ein Mithören des Unterrichtsgeschehens ermöglichen und ebenfalls gegen die datenschutzrelevanten Verfügungen verstoßen würde. Zudem ergeben sich im Schulalltag, gerade mit jüngeren Schülern, schnell Situationen, in denen Schüler bei Unsicherheiten oder Ängsten gerne ihre Eltern kontaktieren würden.

Ein Beispiel aus dem Schulalltag: Eine 6-jährige Schülerin stürzt noch vor dem Schulbeginn am Eingang des Schulhofes und verletzt sich schmerzhaft am Knie. Mit ihrem Smartphone ruft sie weinend und aufgeregt bei der Mutter an. Die Mutter erschrickt und macht sich auf den Weg zur Schule, um zu helfen. In der Zwischenzeit hat sich bereits ein Lehrer der Schülerin angenommen, sie getröstet und die kleine Wunde mit einem Pflaster versorgt. Das Mädchen geht beruhigt in ihre Klasse, der Unterricht beginnt. In der Zwischenzeit stürzt die nichtsahnende Mutter recht panisch in den Klassenraum und erkundigt sich nach ihrer Tochter. Die Mutter hatte große Sorgen aufgrund einer kleinen Verletzung, die nicht der Unterstützung der Eltern bedurfte.

Diese Situation zeigt, zu welchen Unsicherheiten eigenmächtige Anrufe von Kindern bei den Eltern führen können. Um solche oder ähnliche Erlebnisse zu vermeiden, sollten gerade jüngere Kinder auf Handys verzichten oder nur in besonderen Fällen darauf vertraut werden. Somit lernen Schüler, sich auch in kritischen Situationen eigenständig im Umfeld Hilfe zu suchen.

Sicherheit am Handgelenk – Smartuhren

Sehr ähnlich verhält es sich mit den zurzeit modernen *Smartuhren*, die es speziell für Kinder gibt. Diese verfügen über die Grundfunktionen eines Handys und benötigen eine SIM–Karte. Mit diesen Uhren können Eltern über unterschiedliche Apps den Standpunkt ihres Kindes in Echtzeit ermitteln. Zudem verfügen einige Modelle über eine Abhörfunktion, wodurch Gespräche des Kindes mitgehört oder aufgezeichnet werden können.

Smartuhren

→Uhr mit SOS Funktion, Sprachanrufe mit voreingespeicherten Telefonnummern, Überwachungs- und Ortungsfunktionen in Echtzeit

Viele dieser Geräte ermöglichen es den Schülern zudem, eingespeicherte Kontakte telefonisch zu erreichen und ein Gespräch mit ihnen zu führen. Eine Mehrheit der Eltern von jüngeren Kindern findet das sehr praktisch, da das Kind so immer greifbar ist und im Notfall eine Kontaktperson alarmieren kann. Weil diese Uhren einfach zu bedienen sind, ermöglichen sie einen kindgerechten Einstieg in das Medium Telekommunikation. Aber auch sie stellen wegen der Abhörfunktion einen Verstoß gegen das Datenschutzgesetz dar.

Daher sind an vielen Grundschulen Smartuhren nicht zulässig, was von Lehrern mit Vehemenz überprüft und umgesetzt wird. Sollte das Tragen einer Kidswatch für die Sicherheit des Kindes unumgänglich sein, sollten mit dem Kind feste Regeln zum Umgang während der Schulzeit vereinbart werden. So werden unnötige Konflikte vermieden. Einige Geräte verfügen mittlerweile über einen Schulmodus, in dem alle Funktionen der Überwachung blockiert sind. Für den Nachmittag sind diese Kidswatches sicherlich gut geeignet, um dem Kind viel Freiheit im geschützten Rahmen zuzugestehen.

Lernvideos und Co –
Digitales Lernen

Spätestens seit der Corona–Pandemie im Jahr 2020 wird dem digitalen Lernen ein hoher Stellenwert zugesprochen. Mittlerweile gibt es im Internet zahlreiche Lernprogramme und Lehrvideos, die eine sinnvolle Ergänzung zum Unterricht für Schüler jedes Alters sein können. Das Internet kann aber einen strukturierten und erklärenden Unterricht auf keinen Fall ersetzen, da der tägliche Austausch zum Wissenserwerb beim ausschließlichen *Homeschooling* fehlt. Zudem kann die schrittweise Erklärung durch einen Lehrer nicht ausreichend ersetzt werden, jedoch können die unterschiedlichen Medien zur Vertiefung und motivierenden Übung eingesetzt werden. Dazu eignen sich Erklärvideos zu den unterschiedlichen Themenbereichen des Unterrichts oder digitale Übungen zum Wiederholen mit direkter Kontrollfunktion. So können sich Schüler, ab einem gewissen Alter, auch eigenständig mit den Programmen beschäftigen.

Homeschooling

→ Bildung und Erziehung der Kinder durch die Eltern oder Privatlehrer zu Hause oder an anderen Orten außerhalb einer Schule. In Deutschland nur in außergewöhnlichen Situationen (Pandemie) zulässig.

Ein großer Mehrwert können im Englischunterricht Lernvideos zum Erlernen und Wiederholen von einzelnen Vokabeln oder ganzer Satzstrukturen sein. Zudem bildet sich die Sprachkompetenz durch das Sehen und Hören weiter aus.

In Mathematik stehen neben Erklärvideos ebenfalls Übungsformate zur Verfügung die online bearbeitet und überprüft werden können. Zum Teil lernen Schüler so weitere Lösungswege kennen, wodurch sie zunehmend eigenständige Lösungen entwickeln können.

Im Fach Deutsch gibt es umfangreiche Übungen im Bereich der Rechtschreibung und der Grammatik. Auch hier zeigen sich viele Schüler beim Bearbeiten motivierter als bei klassischen Wiederholungsaufgaben.

Chemische, physikalische und naturwissenschaftliche Experimente sind auf unterschiedlichen Plattformen im Internet kindgemäß als Videosequenzen zu finden und werden auch von Lehrkräften immer häufiger im Sachunterricht eingesetzt. Darüber hinaus werden ebenfalls geschichtliche Ereignisse mit detailliertem Hintergrundwissen interessant aufbereitet. Selbst musikalische und künstlerische Themen sind motivierend aufbereitet, sodass Eltern ihr Kind mit gutem Gewissen auch digitale Einheiten beim Lernen nutzen lassen können. Im Anhang finden Sie unterschiedliche Empfehlungen sinnvoller digitaler Medien. Bitte überprüfen Sie vor jeder Anwendung durch Ihr Kind, ob die angegebenen Medien auch dem gewünschten Inhalt entsprechen. Nicht selten verändern sich Internetplattformen nach einiger Zeit und können plötzlich nicht mehr dem eigentlichen Inhalt entsprechen!

Meine Klasse – Klassenlehrerprinzip

In den meisten Schulen wird in den ersten vier Schuljahren das Klassenlehrerprinzip angewendet. Die Entscheidung darüber liegt in der Verantwortung der jeweiligen Grundschule. Demgemäß unterrichtet der Klassenlehrer die überwiegende Stundenzahl in der eigenen Klasse. Meist handelt es sich dabei um die Hauptfächer Deutsch und Mathematik sowie um einige Nebenfächer. Bei den Nebenfächern kann es vermehrt zu einem Fachlehrereinsatz kommen.

Durch die vielen Unterrichtsstunden innerhalb des jeweiligen Klassenverbandes kann sich die Lehrkraft sehr intensiv und gezielt mit den einzelnen Schülern und ihren individuellen Stärken und Schwächen beschäftigen und auseinandersetzen. Der Klassenlehrer kennt seine Schützlinge sehr genau und kann somit Verhaltensweisen und Leistungen sicher einschätzen und Rückschlüsse ziehen. Durch die sehr enge Bindung zum Klassenlehrer besteht ein großes Vertrauensverhältnis, was wieder ein entspanntes Lernklima zur Folge hat.

Einige Schulen wechseln jedoch die Klassenlehrer auch nach den ersten zwei Schuljahren, sodass ab der 3. Klasse eine neue Lehrkraft in die Klasse kommt. Diese Schulen bereiten ihre Schülerschaft schon frühzeitig auf die weiterführende Schulform vor, wo meist ein großer Anteil des Unterrichts von Fachlehrern durchgeführt wird. Zudem sind die Lehrer, die lediglich zwei Schuljahre unterrichten, intensiver mit den Themen ihrer jeweiligen Schuljahre betraut. Jedoch muss sich die Lehrkraft auf eine neue Klassengemeinschaft einstellen und kennt die Schüler kaum oder noch gar nicht.

Für Schüler können beide Formen des Klassenunterrichts positive Effekte haben. Als Eltern sollten Sie sich auf keinen Fall auf eine feste Lehrperson versteifen, denn es gibt viele unvorhersehbare Situationen, die einen plötzlichen Lehrerwechsel zur Folge haben können. Dies kann zum einen eine längerfristige Erkrankung, eine Versetzung an eine andere Schule, eine Schwangerschaft oder eine Pensionierung sein. Jedoch versucht jede Schule qualifizierten Unterricht zu gewährleisten und nimmt einen unvorhersehbaren Lehrerwechsel nur im äußersten Notfall vor.

Falls dieser Fall trotzdem eintritt, gewöhnen sich die Schüler meist sehr zügig an die neue Lehrperson. Eltern sollten die neue Situation als Chance für das Kind sehen und positiv gestimmt sein.

21,22, viele! –
Klassengröße

D ie jeweilige Klassengröße und Konstellation der Klassenzusammensetzung ergeben sich aus den jeweiligen Anmeldezahlen und der Aufnahmekapazität der Schule. Die Aufnahmekapazität wird bestimmt von der *Zügigkeit* der Grundschule. Die Zügigkeit gibt an, wie viele Klassen pro Jahrgangsstufe gebildet werden. Eine dreizügige Schule verfügt somit über insgesamt 12 Klassen. Wie viele Schüler in einer Klasse höchstens unterrichtet werden, ergibt sich aus den Vorgaben des jeweiligen Bundeslandes.

Zügigkeit

→ Anzahl der Klassen einer Schulstufe

Die Unter- und Obergrenze des jeweiligen Bundeslandes entnehmen Sie der folgenden Landkarte. Die Untergrenze der Schüleranzahl wird benötigt, um eine Klasse bilden zu können. Gerade an kleinen Schulen, beispielweise in ländlichen Gebieten, sind diese Grenzen entscheidend, um in der Lage zu sein eine neue Eingangsklasse zu bilden. Die Obergrenze setzt die Höchstzahl an möglichen Schülern fest. Dabei können Zuzüge oder Rücktritte aus einer höheren Klasse die Obergrenze im laufenden Schuljahr erhöhen.

Berlin gibt laut Kultusministerkonferenz keine Unter- oder Obergrenze zur Klassenbildung an. Es besteht lediglich ein Orientierungswert, nämlich 24 Schüler pro Klasse. Mecklenburg-Vorpommern gibt bei Einzelstandorten einen Orientierungswert von 20 an, an Mehrfachstandorten den Wert 40, wobei hier eine Teilung in zwei Klassen vorgenommen wird. Niedersachsen nennt den Orientierungswert 26. Hamburg hat eine besondere Vorgabe der Obergrenze von Schülern an Schulen mit einem Sozialindex. Bei diesen Schulen ist die Obergrenze mit 19 Schülern erreicht, um allen Schülern aus sozialschwachen Einzugsbereichen gerecht zu werden.

Schleswig-Holstein und Thüringen geben weder Unter- noch Obergrenze an.
(Stand Schuljahr 2019/2020, kmk.org)

Wenn eine Schule mehr Anmeldungen als Aufnahmeplätze in der jeweiligen Jahrgangsstufe hat, müssen einzelne Schüler abgewiesen und an einer anderen Grundschule unterkommen.

Vorgaben zur Klassenstärke

Schleswig-Holstein

Mecklenburg-Vorpommern
20/40

Bremen
22/24

Hamburg
17/23*

Niedersachsen
26/26*

Berlin
24/24*

Brandenburg
15/28

Nordrhein-Westfalen
15/29

Sachsen-Anhalt
15/22

Sachsen
15/28

Hessen
13/25

Thüringen

Untergrenze
Obergrenze

Rheinland-Pfalz
-/24

Saarland
20/29

Baden-Würtemberg
16/28

Bayern
13/28

63

Der Stundenplan –
Pflichtstundenzahlen für Schüler

D ie *Pflichtstundentafel* der einzelnen Bundesländer unterscheidet sich in den jeweiligen Jahrgängen. Dabei erhöhen sich die Stunden von der 1. bis zur 4. Klasse, bzw. in den Bundesländern Brandenburg und Berlin bis zur 6. Klasse. In einigen Bundesländern steigt die Stundenzahl von Jahrgang zu Jahrgang langsam und geringfügig, andere Bundesländer setzen auf einen sprunghaften Anstieg der Pflichtstunden.

Die jeweiligen Stunden können der nachfolgenden Karte entnommen werden. Baden-Württemberg gibt lediglich ein Gesamtstundenkontingent der Stunden an, um den Schulen bei der Verteilung pädagogischen Freiraum zu bieten. Somit können Schwerpunkte gesetzt und Schulkonzepte gestaltet werden.

Pflichtstundentafel

→ Anzahl der zu

unterrichtenden Stunden

innerhalb einer Woche

Die jeweilige Verteilung der Pflichtstundenzahl auf die Fächer Deutsch, Mathematik, Englisch, Sachunterricht, Musik, Kunst, Sport und Religion wird durch die Rahmenrichtlinien der jeweiligen Bundesländer bestimmt.

Pflichtstundenzahl der Bundesländer

SCHLESWIG-HOLSTEIN
20/20/26/26

MECKLENBURG-VORPOMMERN
1.+2. = 42
3.+4. = 52

HAMBURG
27/27/27/27

BREMEN
22/22/26/26

BRANDENBURG
21/21/25/26

NIEDERSACHSEN
20/22/26/26

BERLIN
20/21/24/27

SACHSEN-ANHALT
21-23/21-23
24-26/24-26

NORDRHEIN-WESTFALEN
21-22/22-23
25-26/26-27

SACHSEN
21(+2 FÖ)
22/26/26

THÜRINGEN
21/23/27/27

HESSEN
21/21/25/25

RHEINLAND-PFALZ
22/22/27/27

1. Klasse
2. Klasse
3. Klasse
4. Klasse

SAARLAND
25/25/26/26

BAYERN
23/24/28/29

BADEN-WÜRTTEMBERG
102

Lang oder kurz? –
Stundentaktung

Immer mehr Grundschulen weichen von einem starren System ab und orientieren sich bei der zeitlichen Gestaltung an den Bedürfnissen der Schüler. Unterrichtseinheiten und Zeiträume können von Fach zu Fach variieren.

Einige Schulen gestalten ihren Schulalltag mit 45 Minuten–Einheiten und entsprechend kurzen Pausen zwischen den Stunden. Zudem unterteilt meist eine längere Pause, mit Bewegungszeit auf dem Schulhof, zwei aufeinanderfolgende Stunden am Vormittag.

Immer häufiger erkennen Schulen, dass flexiblere Varianten den Bedürfnissen und produktiven Arbeitsphasen der Kinder mehr entsprechen. Daher teilen zunehmend mehr Schulen den Unterricht in 60 Minuten–Einheiten ein und andere Schulen nutzen sogar 90 Minuten, die flexibel ausgestaltet werden, mit anschließenden längeren Erholungsphasen.

Dabei ist zu betonen, dass die Schüler, besonders die Jüngeren, nicht 60 oder 90 Minuten lang am Stück still sitzen und arbeiten müssen. Vielmehr bieten die längeren Einheiten den Lehrern die Möglichkeit, den Unterricht sehr flexibel und auf die Lerngruppe angepasst zu gestalten. So kann ein begonnenes Thema in Ruhe beendet werden oder kurze Bewegungsphasen im Sinne der „bewegungsfreudigen Schule" flexibel in den Unterricht integriert werden.

Ebenso unterschiedlich halten die Grundschulen es mit dem Schulbeginn, der individuell gewählt werden kann und dem entsprechenden Schulschluss.
Wie die jeweiligen Schulen ihren Schulalltag gestalten, ist häufig auf den Homepages einsehbar.

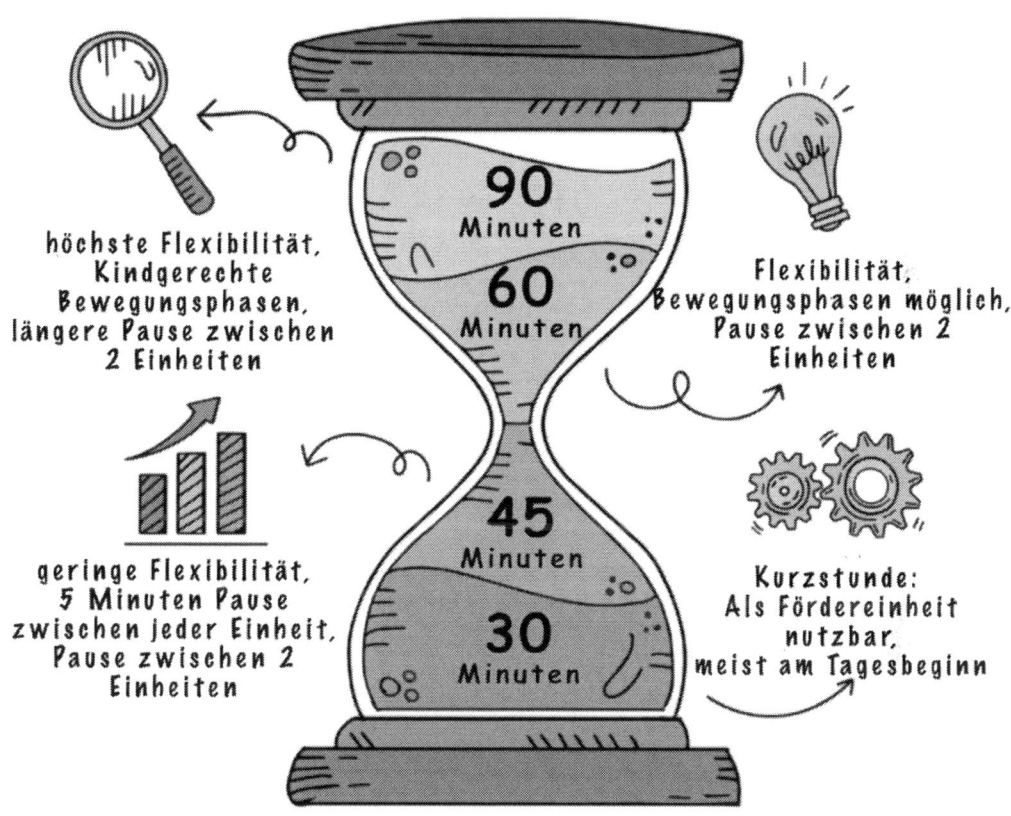

höchste Flexibilität,
Kindgerechte
Bewegungsphasen,
längere Pause zwischen
2 Einheiten

90 Minuten

60 Minuten

Flexibilität,
Bewegungsphasen möglich,
Pause zwischen 2
Einheiten

geringe Flexibilität,
5 Minuten Pause
zwischen jeder Einheit,
Pause zwischen 2
Einheiten

45 Minuten

30 Minuten

Kurzstunde:
Als Fördereinheit
nutzbar,
meist am Tagesbeginn

3

VORAUSSETZUNGEN
DES
LERNPROZESSES

Deutsch, Mathematik und Co –
Fächer in der Grundschule

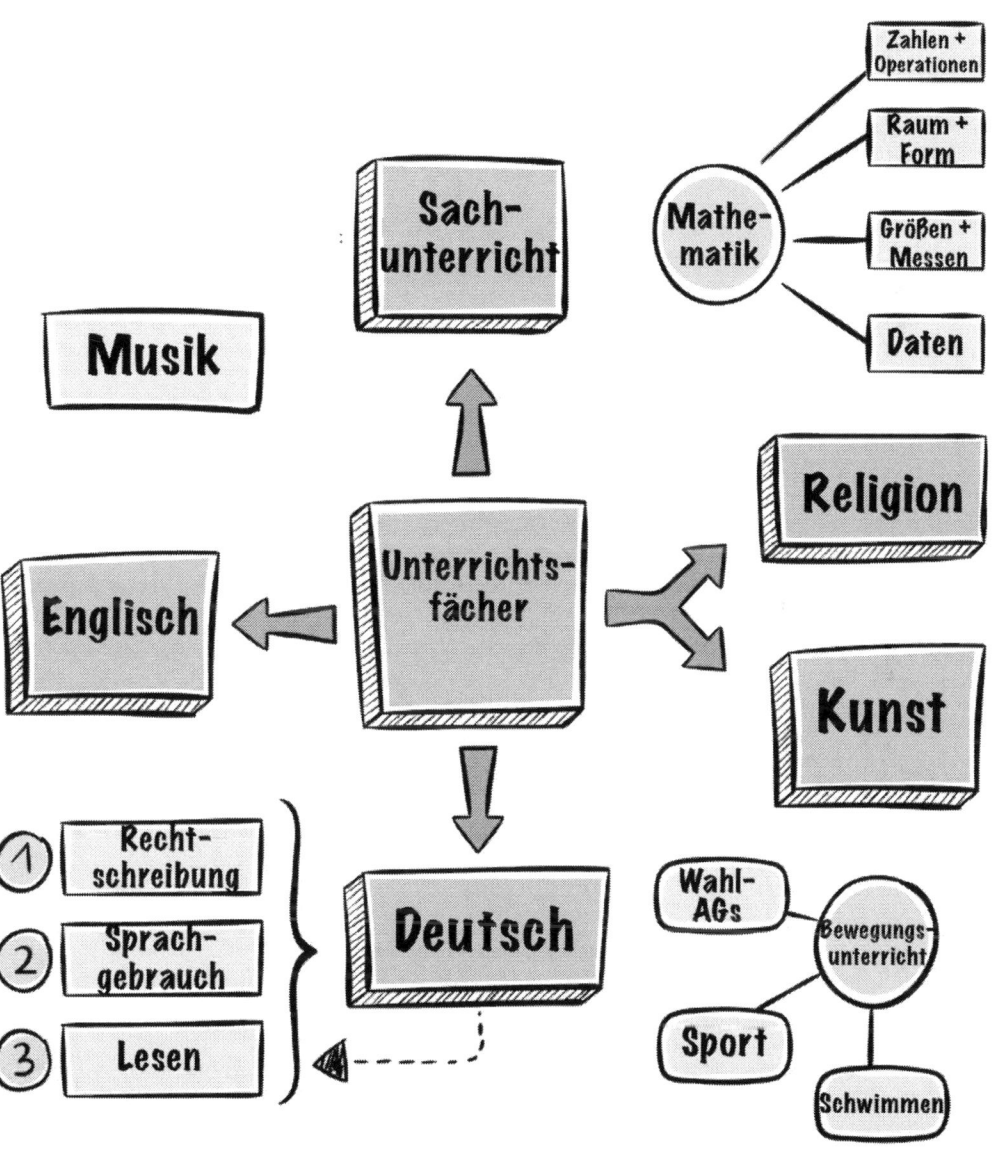

ie aufgeschlüsselten Pflichtstunden verteilen sich auf unterschiedliche Unterrichtsfächer innerhalb der Woche. Dabei werden für die Kernfächer Deutsch, Mathematik, Sachunterricht und Englisch die meisten Stunden eingeplant. Dazu kommen noch die unterschiedlichen Nebenfächer Kunst, Sport, Schwimmen, Musik und Religion, die mit einem geringeren Umfang in der Stundentafel unterrichtet werden.

Wie viele Stunden auf die jeweiligen Fächer entfallen, unterscheidet sich von Bundesland zu Bundesland. Dabei ist seitens der Schule auf eine gleichmäßige Verteilung der Unterrichtsfächer auf die gesamte Woche zu achten. Zudem sollten Bewegungsstunden, wie Sportunterricht oder Schwimmen, nicht an einem Tag stattfinden, sondern ebenfalls an unterschiedlichen Tagen unterrichtet werden. Möglich ist, abhängig vom Stundenplan der Klasse, auch die Durchführung von Doppelstunden, wenn es für die Lerninhalte des Faches zielführend ist. Gerade im Fach Kunst kann eine Doppelstunde eine Bereicherung für Schüler und Lehrer darstellen, da viel Zeit für die Vorbereitung des Arbeitsplatzes benötigt wird.

An einigen Schulen wird auch der Bewegungsunterricht als Doppelstunde durchgeführt, wenn die Sporthallenbelegung oder die personelle Situation es verlangt. Zudem geben die Bundesländer Berlin, Brandenburg, Nordrhein-Westfalen sowie Sachsen-Anhalt variable Angaben zur Verteilung der Stunden an, was Sie aus der vorherigen Karte der Pflichtstundenzahl der Bundesländer entnehmen können.

Beispiel eines Stundenplans: 1. Klasse NRW:

Stunde	Montag	Dienstag	Mittwoch	Donnerstag	Freitag
1.Std.	Deutsch	Mathematik	Sport	Deutsch	Mathematik
2.Std.	Mathematik	Deutsch	Deutsch	Mathematik	Deutsch
3.Std.	Musik	Sachunterricht	Mathematik	Sport	Kunst
4.Std.	Sport	Förder +	Kunst	Förder +	Klassenrat
5.Std.		Religion			Religion
6.Std.					

Förder + Stunden werden auf die Fächer Deutsch und Mathematik je nach Bedarf verteilt. In der Regel nehmen alle Kinder am Förderunterricht als zusätzliche Übungsstunde teil. Die Klassenratsstunde kann ebenfalls anderweitig verwendet werden. Meist entscheidet der Klassenlehrer situationsbedingt, wie die Stunde gestaltet werden soll.

Voraussetzung fürs Lesen und Schreiben- phonologische Bewusstheit

V or Beginn der Einschulung wünschen sich viele Schüler, dass sie ganz schnell lesen, schreiben und rechnen lernen. Mit diesen Fähigkeiten wird die Grundlage für ein eigenständiges und selbstbestimmtes Leben gelegt. Um einen erfolgreichen Leseprozess zu gewährleisten, ist es wichtig, dass Schüler über eine grundlegende phonologische Bewusstheit verfügen.

Kinder ab einem Alter von drei bis vier Jahren –je nach individuellem Entwicklungsstand des Kindes– besitzen die Fähigkeit, Reime zu erkennen und Wörter in Silben zu klatschen und zu sprechen. Die phonologische Bewusstheit unterscheidet sich in zwei Teilbereiche. Einerseits in die phonologische Bewusstheit im weiteren Sinne und andererseits in die phonologische Bewusstheit im engeren Sinne.

Die *phonologische Bewusstheit* im weiterem Sinne bedeutet, dass Kinder in der Lage sind, richtig hin- und zuzuhören und somit das gesprochene Wort zu verstehen. Außerdem können die 3- bis 4-Jährigen Reime innerhalb eines bestimmten Sprechrhythmus erkennen, diese selbstständig umsetzen und Wörter in einzelnen Silben sprechen.

Phonologische Bewusstheit

→ Fähigkeit unterschiedliche Laute zu erkennen und zu unterscheiden

Die im engeren Sinn gefasste phonologische Bewusstheit beschreibt die Analyse der Struktur unterschiedlicher Laute. Dabei wird dem Kind die Fähigkeit abverlangt, mit einzelnen Lauten umzugehen und diese zu analysieren. Laute müssen aus komplexen Wörtern isoliert herausgehört oder verschiedene Laute sprachlich zu einem Wort zusammengefügt werden. Zudem ermöglicht diese Fähigkeit, dass Wörter auf ihre An- und Auslaute hin untersucht und erfasst werden.

Eltern können schon weit vor dem Schuleintritt die phonologische Bewusstheit ihres Kindes mit unterschiedlichen Methoden überprüfen und vor allem gezielt schulen. Eine klare und deutliche Aussprache von Eltern fördert das genaue Zuhören. Darüber hinaus erfahren Kinder, dass Wörter unterschiedlich klingen und unterschiedlich lang sind. Dann wird das Kind neben der Satzmelodie ebenfalls die Struktur der einzelnen Wörter kennen lernen. Für eine gezielte Förderung können Eltern die Silben einzelner Wörter mit den Kindern klatschen, sprechen oder gehen lassen, dadurch wird die Anzahl der Silben herausgefunden. Viele Kinder setzen diese partielle Unterscheidung der Laute bereits intuitiv um.

Dieses Verhalten sollte gefördert werden und auf immer komplexere Wörter ausgedehnt werden. Wenn das Kind die Sprechweise in Silben sicher beherrscht, kann die Schulung der phonologischen Bewusstheit im engeren Sinne beginnen.

Dazu ist es hilfreich, mit kurzen, zweisilbigen Wörtern, wie zum Beispiel Hamster, zu beginnen. Zuerst bestimmt das Kind die Anzahl der Silben. Dann könnten Sie als Eltern fragen, mit welchem Laut das Wort beginnt. Nun muss das Kind überlegen, die Laute isolieren und das Wort auf den Anlaut hin abhören. Kann das Kind auch diese Fähigkeit sicher umsetzen, können auch Auslaute gezielt abgehört werden. Dabei gehen Eltern wie beim Anlaut vor und fragen: „Was hörst du am Ende des Wortes Hamster?" Sollte ein Kind noch nicht in der Lage sein, Auslaute richtig zu benennen, kehren Sie zur Ausgangsübung zurück. Wenn Ihr Kind die Anlaute sicher beherrscht, kann der nächste Schritt folgen.

Eltern sollten nicht verzweifeln, wenn es Kindern schwerfällt, Laute richtig zu isolieren. Stattdessen gilt, stetig weiterüben! Es ist ein Prozess, der eine bestimmte Zeit in Anspruch nehmen kann. Zudem können die Erzieher des Kindergartens befragt werden, wie sie die Fähigkeit des Kindes einschätzen und diese im Vergleich zu Gleichaltrigen sehen. Sollte sich dennoch keine Verbesserung der Fertigkeit einstellen, kann der Kinderarzt zur Diagnostik zu Rate gezogen werden. In sehr wenigen Fällen kann eine organische Störung, wie eine Entzündung des Trommelfells oder eine Fehlhörigkeit, die korrekte Verarbeitung der Laute unmöglich machen.

Ohren auf –
Lautdiskriminationsfähigkeit

Fehlhörigkeit

Bei einer *Fehlhörigkeit* handelt es sich um eine Funktionsstörung der auditiven Wahrnehmung. Diese Störung wird häufig erst mit dem Eintritt in die Grundschule erkannt und diagnostiziert. Die Diagnose erfolgt meist im Grundschulalter, da die Kinder, die an einer Fehlhörigkeit leiden, dennoch insgesamt gut hören.

Es ist also kein rein organisches Problem des Ohres, sodass ein normaler Hörtest keine Anomalität der Fähigkeit aufzeigt. Auditive Wahrnehmungsstörungen können unterschiedliche Ausprägungen haben und zu diversen Defiziten führen.

Fehlhörigkeit

→ Kind kann gut hören, jedoch verarbeitet das Gehirn die Laute falsch

Im Folgenden werden die unterschiedlichen Formen und Auswirkungen der Funktionsstörung nach Breitenbach erläutert.

Falsche Richtung – Schalllokalisation

Bei einer gestörten *Schalllokalisation* fällt es Kindern sehr schwer, eine sich im Raum befindliche konstante Schallquelle eindeutig zu lokalisieren. Zudem gelingt es ihnen nicht, Schallfrequenzen, die sich bewegen, zu folgen. Dies könnte bei unterschiedlichen Spielen wie „Blinde Kuh" oder „Mäuschen sag mal Piep" auffallen.

Schalllokalisation

→ Richtung eines Geräusches kann nicht erkannt werden

Aufgrund dieses Handicaps haben die Kinder große Schwierigkeiten, sich während eines Gespräches in einer Gruppe der jeweils sprechenden Person zuzuwenden. Weiterhin zeigen sie sich desorientiert, wenn sie von einer Person aus einer gewissen Distanz gerufen werden.

74

Nicht altersgemäß entwickelt –
Lautdiskriminationsfähigkeit

K inder mit einer Störung der Lautdiskriminationsfähigkeit fallen häufig in ihrem Sprachverhalten auf. In vielen Fällen wird dann von einer nicht altersgemäß entwickelten Sprache gesprochen. Dabei steckt hinter dieser Tatsache zum Teil eine Störung beim Erkennen und Unterscheiden von Lauten. Kinder zeigen Schwierigkeiten Reimwörter wie zum Beispiel Zange – Schlange, Gabel – Schnabel, Hecke – Schnecke voneinander zu unterscheiden. Dies kann auffallen, wenn Kinder ein vorgesagtes Wort auf einer Bildkarte nicht korrekt zuordnen können und vermehrt zum entsprechenden Reimwort greifen.

Ab dem ersten Grundschuljahr treten dann weitere Probleme in den Vordergrund. Reimwörter werden in Aufgabenstellungen nicht erkannt oder Wörter mit gleichen Anlauten können nicht ermittelt werden. Beim späteren

Kinästhetische Wahrnehmung

→ *Erleben und Spüren des*

eigenen Körpers in der Umwelt

Schreiben von Lernwörtern oder kurzen Texten verwechseln die Schüler ähnlich klingende Wörter. In einigen Fällen zeigen diese Kinder Auffälligkeiten in ihrer Sprachentwicklung. Eine undeutliche Aussprache oder ein Nuscheln sind Folge des fehlerhaften Hörprozesses. Über das genaue Mithören der eigenen Sprache und die *kinästhetische Wahrnehmung* der eigenen Mundmotorik wird die Produktion der Sprache kontrolliert. Diese Fähigkeit ist jedoch nur fehlerhaft oder kaum vorhanden.

In Gruppengesprächen, sowie im individuellen Gespräch fragen Kinder häufig nach. Die größte Schwierigkeit im Grundschulalltag zeigt sich, wenn das Defizit der Lautdiskriminationsfähigkeit zu Lese- und Rechtschreibproblemen führt und die Sinnerfassung von einzelnen Wörtern, Sätzen oder Texten dem Kind nicht möglich ist.

Einfach nur durcheinander –
Fehlerhafte Figur-Grundwahrnehmung

Schüler mit einer beeinträchtigten *Figur-Grundwahrnehmung* sind nicht in der Lage, Geräusche aus einer Geräuschkulisse herauszufiltern und zu isolieren. Sie können die gesprochene Sprache nicht von anderen Stör- oder Nebengeräuschen trennen. Daher ist es ihnen gar nicht oder nur selten möglich, wichtige Informationen von Hintergrundgeräuschen zu selektieren und die entscheidenden Informationen aus komplexen Schallergebnissen zu isolieren.

Dieses Phänomen zeigt sich oft bereits im Kindergarten oder in der Schule, wenn in geschlossenen Räumen ein erhöhter Geräuschpegel herrscht. Ebenfalls können Nebengeräusche wie eine Baustelle in unmittelbarer Nähe ein gezieltes Filtern des

Figur- Grundwahrnehmung

→ Gesprächsinhalte vermischen sich mit Nebengeräuschen

Sprachschalls unmöglich machen. Dadurch ergeben sich Beeinträchtigungen im Schulalltag, die sich leider häufig auf die Leistungsfähigkeit der Kinder auswirkt. Dies kann daran liegen, dass die Schüler die Anweisungen der Lehrkraft nicht verstehen und dementsprechend Arbeitsaufträge nicht eigenständig umsetzen können. Zudem werden komplexere Aufgaben in Gruppensituationen falsch verstanden. Als Lösung für ihre Problematik fragen Schüler sehr häufig nach oder orientieren sich am Sitznachbarn.

Fehlhörige Schüler reagieren in großen Gruppen oder lautem Umfeld gereizt und beschweren sich, wenn durcheinander gesprochen wird. Häufig halten sie sich die Ohren zu oder ziehen sich aus lauten Situationen bewusst zurück. Oftmals mögen sie auf gestellte Fragen nicht direkt antworten und beziehen alle bisher verstandenen Informationen mit in ihre Antwort ein.

Ein deutlich besseres Sprachverständnis zeigen diese Schüler in Einzelsituationen oder beim Arbeiten in Kleingruppen, wobei sie sehr viel lauter sprechen als angebracht, um die Nebengeräusche zu übertönen.
Schüler mit einer Fehlhörigkeit müssen sehr viel Energie aufbringen, um gesprochene Beiträge von Nebengeräuschen zu filtern. Dadurch sind sie schneller erschöpft und wirken in Folge unkonzentriert oder stören den Unterricht. Alle akustischen Signale werden von ihnen lauter empfunden, daher wirken betroffene Kinder oft geräuschempfindlich.

Schnell erschöpft –
Kurzes auditives Gedächtnis

Eine Fehlhörigkeit zieht meist eine verkürzte Hör-Gedächtnis-Spanne nach sich. Durch die gestörte auditive Fähigkeit können sich die Schüler nur wenige aufeinander folgende akustische Reize merken und dementsprechend schlecht abrufen.

Große Schwierigkeiten treten beim Speichern von auditiven Reizen im Kurzzeitgedächtnis auf. Das Wiedergeben von mehrsilbigen Wörtern und Sätzen, Rhythmusklatschen und bei Zahlenreihen ist durch die Überforderung des Arbeitsgedächtnisses kaum möglich und nicht altersentsprechend. Aufgrund dieser Störung kommt es häufig zu negativen schulischen Leistungen, die sich nicht selten zu einer Lernstörung auswachsen.

Für eine altersgemäße Entwicklung des Lesens und der Rechtschreibung, sowie der Durchführung unterschiedlicher mathematischer Operationen muss die auditive Gedächtnisleistung vollständig entwickelt sein. Ist die Entwicklung der Hör- Gedächtnis-Spanne eingeschränkt, kommt es zu weitreichenden Defiziten im schulischen Entwicklungsprozess des Schülers. Merkmale, an denen eine Störung diagnostiziert wird sind die Unfähigkeit sich Reime, Verse, Lieder oder das Einmaleins zu merken und wiederzugeben. Zudem stellen das Kopfrechnen, besonders mit Zwischenergebnissen, sowie das Behalten von Zahlenreihen eine Hürde da. Sätze, die aus mehr als sechs Wörtern bestehen werden nicht richtig verarbeitet, sodass das Schreiben von Diktaten kaum möglich ist. Hier fragen die Schüler häufig nach oder vergessen einzelne Wörter oder ganze Satzteile.

Durch die unzureichende auditive Leistungsfähigkeit verlieren die Kinder schnell das Interesse an vorgelesenen Geschichten, da sie dem Inhalt nicht folgen können. Komplexe Arbeitsanweisungen werden nur lückenhaft ausgeführt und erteilte Hausaufgaben häufig vergessen, da die Informationen nicht korrekt verarbeitet wurden.

Welches Bild passt? –
Bild-Laut-Verbindungen

Sind Schüler nicht in der Lage eine sichere ***Phonem-Graphem-Zuordnung*** vorzunehmen, spricht man von einer Störungen der auditiv-visuellen Integration. Kinder mit dieser Beeinträchtigung haben bereits im Kindergarten Schwierigkeiten, sich Farben sicher zu merken und diese zu wiederholen.

In der Grundschule, besonders im Anfangsunterricht, gelingt es ihnen kaum, die Lautverbindung zum Buchstaben herzustellen. Das sichere Abrufen eines Lautes mit dem passenden Buchstaben,

Phonem- Graphem- Zuordnung

→ Buchstaben- Laut- Zuordnung

welches unabdingbar für den Lese- und Schreibprozess ist, ist ihnen nicht möglich. Somit kann der Schüler den Buchstaben A nicht sicher mit dem Bild des Apfels oder der Ameise kombinieren.

Diese Problematik führt zu einer großen Beeinträchtigung im schulischen Bereich, oft zieht sie eine Lese- Rechtschreibschwäche nach sich.

A a
A wie Apfel

Falscher Laut –
Gestörte Analyse und Synthese

Die Fähigkeit, einzelne Laute innerhalb eines Wortes zu analysieren, gelingt diesen Schülern nur sehr schwer oder gar nicht. Somit sind sie nicht in der Lage, Silben zu einem Wort zu verschleifen. Ein ausgebildetes auditives Kurzzeitgedächtnis ist Voraussetzung, damit eine Lautanalyse sowie eine Lautsynthese gelingen kann. Eine Störung des Bereichs führt zu Problemen beim Lesen und der Rechtschreibung. Hinweis auf eine gestörte Lautanalyse und Lautsynthese kann sein, wenn ein Schüler aus einem Wort weder den Anlaut noch den Auslaut oder den Mittellaut heraushören kann. Zudem kann der Klang des Wortes nicht analysiert werden.

In der Praxis fallen Schüler dadurch auf, dass sie bestimmte Aufgabenstellungen nicht bearbeiten können. Wie zum Beispiel: „Welchen Buchstaben hörst du am Anfang des Wortes Dose?" oder: „Welchen Laut hörst am Ende des Wortes Zaun?" Darüber hinaus lesen Schüler nur schwerfällig oder nicht altersgemäß, da sie nicht die Fähigkeit besitzen, einzelne Buchstaben und Silben zu einem Wort zu verschleifen. Eltern können Ihr Kind mit dem folgenden Selbstlernheft gezielt beim Leseprozess unterstützen:

Selbstlernhefte für den Anfangs- und Förderunterricht – Mein Anlautheft, Schubi.

Silben klatschen –
Störung der rhythmisch-melodischen
Differenzierung

Schüler mit einer unterdurchschnittlich ausgeprägten rhythmischen und melodischen Differenzierungsstruktur können Wörter nicht in Silben klatschen oder hüpfen. Typische Sprechreime (Hokuspokus fidibus) werden nicht rhythmisch gesprochen und ein Nachklatschen einer vorgegebenen Reihe ist den Kindern nicht möglich. Unterschiedliche Verlage bieten geeignetes Fördermaterial mit kindgerechten Aufgabenstellungen an.

Deutsch-Stars, Allgemeine Ausgabe, 1. Schuljahr Silbentraining, Oldenbourg
Die bunte Reihe – Deutsch: Silbenübungen, Schroedel

LERNSCHWIERIGKEITEN

4

Alles gleich –
Wahrnehmungskonstanz

Gleiche Töne, ein Geräusch oder eine Folge an Lauten erkennt ein Schüler mit einer Störung der Wahrnehmungskonstanz nicht mehr, wenn sich die Lautstärke oder Klangfarbe verändert. Ebenfalls können vorgegebene Töne nicht innerhalb eines komplexen Geräuschs erkannt und isoliert werden. Kinder fallen bei Signalwortspielen wie zum Beispiel Zwerg und Riesen auf. Sie sollen sich beim Hören einer Geschichte bei dem Wort Zwerg klein hinhocken und sich beim Wort Riesen auf die Zehenspitzen stellen. Das Heraushören spezieller Worte ist ihnen nicht möglich.

Ich kann nicht mehr! –
Auditive Aufmerksamkeit

Zeigt ein Schüler Schwierigkeiten, sich auf wechselnde akustische Reize des Lehrers einzustellen, steckt meist eine Störung der auditiven Aufmerksamkeit dahinter. Es fehlt den Kindern an konstanter Ausdauer beim mündlichen Unterricht. Sie nehmen an Gesprächskreisen wie zum Beispiel am Morgenkreis oder beim Erzählen vom Wochenende nicht aktiv teil, da sie durch eine Ablenkung aufgrund von unterschiedlichen Geräuschen schnell ermüden. Schüler ziehen sich daher aus den Gesprächen zurück oder wirken verträumt. Bei Gesprächen zwischen Eltern und Kindern zeigen sie sich schnell desinteressiert und abweisend. Einige Kinder unterbrechen eine Gesprächssituation durch Zwischenfragen oder beginnen mit den Fingern oder mit Gegenständen zu spielen.

Alles zu laut –
Geräuschempfindlichkeit

Einige Schüler reagieren besonders empfindlich auf laute Situationen. Meist liegt dann eine Störung der Lautstärkenempfindung vor, sodass Geräusche als viel zu laut oder sogar als schmerzhaft empfunden werden. Gleichzeitig kann es sein, dass eine angepasste Gesprächslautstärke als zu leise empfunden wird.

Bei Schülern zeigt sich diese Störung, wenn sie sich über lautere Situationen in der Klasse beschweren oder häufig nachfragen, da nicht laut genug gesprochen wird. Beide Extreme können getrennt voneinander auftreten.

Kurz und knapp! –
Zusammengefasst

Entwickelt der Schüler eine *Teilleistungsstörung* wie zum Beispiel eine Lese- und Rechtschreibschwäche, dann kann dies in vielen Fällen an einer Beeinträchtigung des Hörens liegen. Eltern sollten in einem solchen Fall einen Spezialisten aufsuchen, um die Ursache für die schulischen Schwierigkeiten abklären zu lassen.

Spezialisten für diesen Bereich sind Pädaudiologen, die sich neben der Wissenschaft von Hörstörungen ebenfalls mit der auditiven Wahrnehmung im Kindesalter befassen.

In einer Praxis für Pädaudiologie finden Betroffene Hilfe in der Diagnostik. Außerdem werden hier gezielte Therapien bei kindlicher Fehlhörigkeit vorgestellt.

Teilleistungsstörung

→ bei normaler Intelligenz erbringt der Schüler nur unterdurchschnittliche Ergebnisse in einem bestimmten Bereich. Mittlerweile werden sogar zwei Teilleistungsstörungen nebeneinander anerkannt.

Vom Buchstaben zum Wort –
Lesen lernen

Sind die grundlegenden Fähigkeiten gesichert und alle Laute verinnerlicht, machen Kinder die ersten Schritte, um lesen zu lernen. Meist beginnt dieser Weg mit Eintritt in die Grundschule und wird bereits sehnsüchtig erwartet. Neben der bereits thematisierten phonologischen Bewusstheit lernen die Erstklässler nun die einzelnen Buchstaben des ABCs kennen. Die unterschiedlichen Buchstaben werden in der ersten Klasse meist zweigleisig erlernt. Neben der Erarbeitung des passenden Lautes der Aussprache wird die Schreibweise der einzelnen Buchstaben gelernt. Viele Lehrwerke bereiten die jeweiligen Buchstaben durch unterschiedliche Aufgabenstellungen kindgerecht auf. Neben Aufgaben zur phonologischen Bewusstheit, An- und Auslaute heraushören, sowie dem Silbenschwingen beinhalten sie ebenfalls Übungen zur richtigen Schreibweise. Die größte Bedeutung für den Leselern – Prozess hat die *Anlauttabelle*.

Anlauttabelle

→ jedem Buchstaben

ist ein entsprechendes

Bild zugeordnet

Auf den Tabellen der unterschiedlichen Verlage sind jedem Buchstaben des Alphabets sowie den Zwielauten und Umlauten Anlautbilder zugeordnet. So ist zum Beispiel gemeinsam mit dem Buchstaben A eine Ameise abgebildet, beim B eine Banane und beim Z ein Zebra. Bei den Buchstaben C und V müssen mindestens zwei Bilder zum entsprechenden Buchstaben abgebildet sein, da diese Konsonanten zweifach klingen können. Beim C können die Bilder Cent und Computer abgebildet sein. Beim Buchstaben V verhält es sich identisch. Die Anlautbilder könnten eine Vase und ein Vogel sein. Durch die Erarbeitung und den sicheren Umgang mit der Anlauttabelle, –dies wird in der Grundschule in der ersten Zeit ausführlich behandelt– können sich die Schüler die Fertigkeit des Lesens zunehmend eigenständig aneignen.

Um ein Wort erlesen zu können, sollte zu Beginn des Prozesses die Buchstabentabelle als Hilfestellung genutzt werden können. Dann kann der Schüler zum Beispiel das Wort Blume erlesen. Dazu muss zu Beginn das B auf der Tabelle gesucht und der entsprechende Laut vom Kind gebildet und ausgesprochen werden. Die folgenden Buchstaben erliest es sich in gleicher Weise. Dabei wird durch die Reihenfolge der Buchstaben und ein langsames Verschleifen der Laute das Wort gebildet und gelesen. Zu Beginn dauert dieser

Prozess lange und bedeutet eine große Arbeitsleistung für das Kind. Mit zunehmender Übung wird der Schüler schneller im Verschleifen der Buchstaben, zudem werden die Anlaute immer mehr verinnerlicht, sodass der Suchvorgang auf der Anlauttabelle schneller wird oder ganz in den Hintergrund rutscht. Sobald ein Kind alle Anlaute sicher verinnerlicht hat, nimmt die Lesefertigkeit meist sprunghaft zu.

Zum Beginn des Erlernen des Lesens werden kurze Wörter mit möglichst wenigen Zwie- oder Umlauten erlesen, erst zu einem späteren Zeitpunkt wird es schwieriger. Wörter werden länger oder erste Sätze sollen erlesen werden. Ein beliebtes und geeignetes Material, um den Leseprozess zu verstetigen, sind die „Lies mal- Hefte" des Jandorfverlags. Insgesamt wurden acht Lies mal- Hefte mit unterschiedlichen Schwierigkeitsstufen konzipiert. Die Hefte bauen aufeinander auf und sollten entsprechend in der richtigen Reihenfolge bearbeitet werden.

Darüber hinaus hat der Verlag die Hefte in regulärer Form und in differenzierter Form herausgebracht. Das Differenzierungsheft zeichnet sich durch eine zweifarbige Silbengliederung oder wahlweise durch eine ausschließliche Großbuchstabenschreibweise aus und erleichtert somit das korrekte Erlesen. Dabei geht das Material schrittweise vor und motiviert die Schüler durch ansprechendes Bildmaterial. Ebenso zu empfehlen sind die Indianerhefte des Klett Verlages. Eltern sollten sich bei der Lehrkraft erkundigen, ob eventuell eine der beiden Heftreihen in der Schule genutzt wird, um Lerninhalte und Materialien nicht vorwegzunehmen. Folgend Lesehefte sind pädagogisch sinnvolle Anregungen.

Lies mal-Hefte, Jandorfverlag

Indianerhefte, Klett Verlag

Die bunte Reihe – Deutsch, Westermann

Das Übungsheft Deutsch, Mildenberger

ABC der Tiere 1 – Die Silbenfibel Neubearbeitung, Mildenberger

Deutsch Stars1 Lesetraining, Oldenbourg

Buchstabenlernen leicht gemacht, Persen

Buchstabensynthese handlungsorientiert trainieren, Persen

Kleine Leseübungen für Erstleser – Wortebene, Auer

Lesen und Rechtschreiben lernen nach dem IntraActPlus-Konzept, Springer

Aus dem Kopf ins Heft –
Schreiben lernen

Zeitgleich mit dem Erlernen des Lesens erwerben Schüler die Fertigkeit des Schreibens. Die korrekte Schreibweise der Buchstaben wird durch geeignetes Lehrmaterial geübt. Das Verschriften von ersten kurzen Wörtern erlernen die Schüler ebenfalls mithilfe der Anlauttabelle.

In diesem Fall sind die Kinder zunehmend eigenständig in der Lage, lautgetreue Wörter aufzuschreiben. Lautgetreue Wörter sind Wörter, bei denen alle einzelnen Buchstaben im Wort durch eine Silbengliederung mitsprechbar und somit hörbar sind. Einige Beispiele für lautgetreue Wörter sind: Elefant, Nase, Tomate, Ufo, Insel etc. Am Anfang spricht sich der Schüler das zu schreibende Wort meist noch laut vor. Somit wird jeder einzelne Buchstabe langsam und deutlich gesprochen und der jeweilige Laut mit der Tabelle abgeglichen und aufgeschrieben. Mit dieser Methode wird Schritt für Schritt jeder Buchstabe des zu schreibenden Wortes ermittelt. Selbst noch unbekannte Buchstaben, die noch nicht durch den Buchstabenlehrgang erarbeitet wurden, können vom Schüler unter Zuhilfenahme der Anlauttabelle abgeschrieben werden. Dabei ist die korrekte Schreibweise so lange zu vernachlässigen, bis die Buchstabenschreibweise erlernt wurde.

Wörter, die nicht lautgetreu sind, sind in der Schreibweise der Kinder häufig fehlerbehaftet. Dies steht mit der komplexen Rechtschreibung der deutschen Sprache im Zusammenhang. Beim Wort Schiff hört ein Schüler bei isolierter Silbensprechweise nur ein f im Auslaut. Geeignete Rechtstreibstrategien zur korrekten Schreibweise erlernen die Schüler erst zu einem späteren Zeitpunkt.

Wenn Kinder in lautgetreuen Wörtern einzelne Buchstaben beim Schreiben auslassen, sollte der Hinweis gegeben werden, das Wort noch einmal ganz deutlich zu sprechen. In den meisten Fällen erkennen Kinder bereits bei der Selbstkorrektur, welcher Buchstabe ausgelassen wurde. Falls ein Schüler ohne Hilfe keine Lösung findet, können Eltern gemeinsam mit dem Kind das Wort laut und deutlich sprechen, bei mehrsilbigen Wörtern kann das Klatschen in Silben hilfreich sein.

Es gibt unterschiedliche Meinungen, ob Eltern ihre Kinder gerade in den Anfängen des Schriftspracherwerbs korrigieren sollten.

Einerseits könnte bei einer Korrektur von Wörtern die Schreibmotivation des Kindes aufgrund des Misserfolges leiden. Andererseits besteht die Gefahr, dass sich falsch geschriebene Wörter ohne eine ausreichende Korrektur einprägen. Zudem sollten Schüler die Erfahrung machen, dass sie Fehler machen dürfen, aus denen sie lernen können. Die Herangehensweise ist von Lehrkraft zu Lehrkraft sehr unterschiedlich und sollte sich ebenfalls an der emotionalen Konstitution des einzelnen Schülers orientieren. Ein schnell verunsichertes, zurückhaltendes Kind könnte durch das Eingreifen in den Schreibprozess die Leichtigkeit verlieren, sodass eine Korrektur nur in Maßen angebracht ist. Wohingegen ein selbstsicheres Kind mit einer Korrektur besser zurechtkommt und aus dem Fehler einen Nutzen zieht.

Eltern fragen sich häufig, ab wann sie ihr Kind beim Schreiben verbessern sollen und welche Wörter es bereits richtig schreiben können müsste. Am besten fragen Sie die Lehrkraft im Fach Deutsch, an welchem Punkt der Schüler im Rechtschreibprozess steht.

Ein Beispiel könnte Klarheit bringen: In der Klasse wurde vor einiger Zeit die Wortart Nomen eingeführt, jedoch schreibt das Kind immer noch alle Nomen konsequent klein. Hier sollte dringend eine Korrektur vorgenommen werden, da die Rechtschreibstrategie bereits eingeführt wurde.

Ebenfalls sollte, nach der bereits thematisierten Rechtschreibstrategie des Verlängerns durch die Pluralbildung, das Wort Ball verbessert werden, falls es lediglich mit einem l geschrieben wurde. Durch die Bildung der Mehrzahl bei dem Wort Bälle ist die Verdoppelung des Buchstaben l in der Silbengliederung deutlich zu hören ist.

Häufig können Eltern den aktuellen Stand der Rechtschreibung durch genaues Beobachten der Unterrichtsinhalte oder Hausaufgaben erkennen und entsprechend das eigene Kind durch gezielte Korrektur im Schriftspracherwerb unterstützen. Welche Rechtschreibstrategien bei der deutschen Rechtschreibung zum normgerechten Schreiben angewandt werden können, wird im Kapitel Richtig Schreiben – Rechtschreibstrategien detailliert erläutert. Geeigneten Rechtschreibmaterialien zum häuslichen Wiederholen oder Vertiefen bieten folgende Materialien:

Schreiben zu Bildern – lautgetreue Wörter Delfinheft, Jandorf

Schreiben zu Bildern – lautgetreue Wörter Taucherheft, Jandorf

Schreiben zu Bildern, Jandorf

Erste Texte – Geschichten schreiben, Jandorf

Jeden Tag ein Satz, Auer

Silben-Übungen an lautgetreuen Wörtern, Lernbiene Verlag

Indianerhefte Richtig Schreiben 1, Klett Verlag

Indianerhefte Schreieben 1/ 2, Klett Verlag

Indianerhefte Texte schreiben 3, Klett Verlag

Indianerhefte Schreiben zu Bildern A 1/ 2, Klett Verlag

Lesen und Rechtschreiben lernen nach dem IntraActPlus-Konzept, Springer

Alles nur Gekritzel –
Schreibkrampf

Schreibt ein Schüler trotz größter Bemühungen unleserlich und abgehackt, so könnte ein medizinisches Problem dahinterstecken. Wenn die Handschrift eines Kindes fahrig und kaum leserlich ist oder das Schreiben von Buchstaben unmöglich ist, liegt vielleicht ein *Schreibkrampf* vor.

Je mehr sich der Schüler bemüht, ordentlich und in der gegebenen Lineatur zu schreiben, desto schlechter und unleserlicher wird das Schriftbild. Es erfordert von den Betroffen einen enormen Kraftaufwand, einen Stift zu halten und Wörter zu Papier zu bringen. Ein Schreibkrampf muss von einem Zittern der Hand aufgrund von Ängsten unterschieden werden, wobei ein Angstzittern auch ein Resultat des Schreibkrampfes sein kann.

Es gibt zwei unterschiedliche Theorien zur Entstehung eines Schreibkrampfes. Die erste Theorie besagt, dass ein Schreibkrampf aufgrund einer fokalen Dystonie entsteht und eine neurologische Störung ist. Bei der fokalen Dystonie kommt es zu einer gesteuerten und anhaltenden Kontraktion der Muskeln, was kaum behandelbar ist.

Schreibkrampf

→ bezeichnet einen Krampf beim manuellen Schreiben durch bewegende Muskeln, auch Graphospasmus genannt

Die zweite Theorie geht davon aus, dass der Schreibkrampf seine Ursache in einer Fehlsteuerung der Muskulatur der Hände hat. Hier fehlt dem Schüler, die gezielte Kontrolle. Durch eine neurobiologische fundierte Behandlung mit gezielten Übungen und Achtsamkeit kann ein Schreibkrampf therapiert und überwunden werden.

Die krakelige Schrift ergibt sich aus einer unwillkürlichen Dauerspannung der Fingermuskulatur, die zur Bewegung beim Schreiben benötigt wird. Durch die zu starke Kontraktion wird eine flüssige Schreibbewegung unmöglich.

Das größte Problem dabei ist, dass sich für die Kinder eine Spirale der Demotivation entwickelt. Je mehr sich der Schüler um einer saubere und schöne Schrift bemüht, desto größer wird der innerliche Druck, welcher wiederum zu einer erhöhten Muskelkontraktion der Finger führt. Dadurch verstärkt sich die Schwierigkeit und Versagensängste kommen auf. Die Ermahnung von Eltern und Lehrern, sauberer zu schreiben, lässt Schüler nur noch mehr verzweifeln. Viele Schüler entwickeln eine regelrechte Abwehrhaltung gegenüber dem Schreiben. Sollten Eltern und Lehrkräfte einen Verdacht auf einen Schreibkrampf hegen, so ist eine spezifische Diagnostik und professionelle Hilfe unerlässlich.

5

UNTERRICHTSFÄCHER
IM
FOKUS

Richtig Schreiben –
Rechtschreibstrategien

<u>Verlängern</u>
Durch die Verlängerungsprobe kann herausgefunden werden, ob die Wörter mit den Endlauten b oder p, g oder k oder d bzw. t geschrieben werden.
Dazu wird ein Wort verlängert:

Pluralbildung bei Nomen:
der Weg – die Wege
das Rad – die Räder

Infinitivbildung bei Verben:
er schwebt – schweben
sie singt – singen

Komparativbildung bei Adjektiven:
weit – weiter
klug – klüger

<u>Ableiten</u>
Zur Abklärung, ob ein Wort mit e oder ä, sowie eu oder äu geschrieben wird, kann die Ableitprobe angewandt werden.
Dazu muss ein verwandtes Wort gefunden werden:
er fährt – fahren
er schäumt – Schaum

Silbenstrategie

Um bei Wörtern eine Doppelkonsonantenschreibweise zu ermitteln oder auszuschließen, sollte die Silbenstrategie angewandt werden:

der Som-mer

die Schif-fe

rol-len

es-sen

Dehnungs-h

Ein Dehnungs-h folgt auf einen langen Vokal, wenn dieser vor einem l, m, n oder r steht:

das Mehl

die Bahn

die Bühne

Merkreimsatz:

Das stumme h das freut sich uns sehr, steht meist vor l, m, n und r!

Wörter, die mit den Buchstaben q, sch, sp oder t beginnen, werden ohne Dehnungs-h geschrieben:

die Schule

der Ton

die Qual

Hinter und zwischen den Zwielauten eu, ei, ai, au und äu steht in der Regel kein Dehnungs-h:

der Raum

der Mais

die Eule

Bei der Verwendung von Nachsilben -bar, -sal, -sam und -tum und der
Vorsilbe ur- werden Wörter ohne ein Dehnungs-h geschrieben:
dankbar
achtsam
Scheusal
ursprünglich

Silbentrennendes h
Durch das silbentrennende h wird die Aussprache der Wörter häufig erleichtert. Jedoch
ist das h nicht in jedem Wort deutlich zu hören.

Silbengliederung:
Durch die Silbengliederung beim langsamen und deutlichen Sprechen wird das h hörbar:
sehen→ se- hen
nähen→ nä- hen

Verlängern:
In einigen Wörtern kann das silbentrennende h nur durch ein Verlängern des Wortes
hörbar gemacht werden:
nah→ nä- her

Regeln zum silbentrennenden h:
Das silbentrennende h trennt zwei Vokale (a, e, i, o, u) voneinander:
sehen→ se-h-en,
wehen→ we-h-en

Das silbentrennende h steht immer am Anfang der zweiten Silbe:
stehen→ ste- hen
blühen→ blü- hen

Das silbentrennende h bleibt in allen verwandten Wörtern enthalten:
mähen→ der Rasenmäher
drohen→ die Drohung

<u>Ausnahmeregelungen:</u>
„ei" und „ie"

Nur in sehr wenigen Ausnahmen wird ein silbentrennendes h in Wörtern mit ei oder ie gebraucht:
ziehen
fliehen
die Reihe

„eu", „au", „äu"
In Wörtern mit den Zwielauten eu, au oder äu ist nie ein silbentrennendes h zu verwenden:
Beule
Feuer
Bäume
aufbauen

<u>h im Verb:</u>
In Verben, die mit einem h geschrieben werden, bleibt dieses auch bei einer Veränderung der Verbform erhalten:
Grundform: fliehen
     sie flieht
      er floh

Groß- Kleinschreibung

Die Groß- und Kleinschreibung von Wörtern kann anhand von unterschiedlichen Signalwörtern vereinfacht werden:

Artikel und Präposition:
Signalwörter: der, die, das, ein, eine, beim
der Hund
die Katze
das Kissen
ein Tisch
eine Blume
beim Laufen
beim Essen

Adjektive und Pronomen:
Signalwörter, zum Beispiel: viel, etwas, schöne, bunte etc., werden in Kombination großgeschrieben.
viel Gutes
etwas Aufregendes
schönes Schreiben
buntes Malen

Tageszeiten:
In der deutschen Rechtschreibung werden einige Tageszeit großgeschrieben:
heute Abend
gestern Nachmittag
eines Tages

das – oder dass
das – Schreibweise:
Das ist ein Artikel oder Pronomen, d. h. es begleitet ein Nomen. Es kann durch dieses, jenes oder welches ersetzt werden. Hier wird das verwendet!

Beispiele:
Das Haus, das blau ist.

Jenes Haus, welches blau ist.
Tim hat ein neues Buch bekommen, das sehr spannend ist.

Tim hat ein neues Buch bekommen, welches sehr spannend ist.
Das ist ja die Höhe!

Dies ist ja die Höhe!

dass-Schreibweise:
Dass ist eine Konjunktion und leitet einen Nebensatz ein. Es kann nicht durch dieses, jenes oder welches ersetzt werden. Hier wird dass verwendet!

Beispiele:
Weißt du, dass heute Sonntag ist?
Ich bin glücklich, dass die Sonne scheint.

Merkwörter/ Fremdwörter:

Es gibt viele Wörter, die in der deutschen Sprache von keiner Rechtschreibstrategie abgeleitet werden können. Diese Wörter können als Merkwörter oder Fremdwörter bezeichnet werden, da sie häufig nicht der deutschen Sprache entspringen. Bei den gängigen und häufig gebrauchten Wörtern ist es von Vorteil, sich die richtige Schreibweise zu merken. Sie sollten also als Merkwort gelten. Andere Wörter sollten als Fremdwort im Wörterbuch nachgeschlagen und die korrekte Schreibweise ermittelt werden.

Beispiele für Merkwörter:
Vase
Vampir
Champignon
Moos
Haar
Fee

Beispiele für Fremdwörter:
Rhythmus
echauffieren
metaphorisch

s, ss oder ß:

In der deutschen Sprache wird zwischen zwei unterschiedlichen s-Lauten unterschieden, die verschieden ausgesprochen werden:

stimmhaftes s:

Der einfache Buchstabe s wird immer stimmhaft gesprochen. Es erinnert beim Sprechen an ein Summen und ist gut hörbar.
Rose
Hose
Vase

stimmloses s:

Das stimmlose s wird durch die Buchstaben ss oder ß wiedergegeben und klingt beim Sprechen schärfer in der Aussprache. Es kann mit dem Zischen einer Schlange verglichen werden.

außen

beißen

Fuß

Masse

Klasse

müssen

Wörter mit zwei Silben:

Wird in der ersten Silbe der Vokal kurz gesprochen, so schreibt man ss.

Kasse

lassen

Rassel

Wird in der ersten Silbe der Vokal lang gesprochen, so schreibt man ß.

schließen

Füße

Grüße

gießen

Wörter mit einer Silbe:

Beim Schreiben von einsilbigen Wörtern, die am Wortende mit einem s geschrieben werden, muss durch die Verlängerungsprobe herausgefunden werden, ob die Schreibweise mit s, ss oder ß geschrieben wird.

Haus→ Häuser

Laus→ Läuse

Wörter, die mit der Nachsilbe -nis geschrieben werden, werden nur mit einem s geschrieben, obwohl bei der Pluralbildung das Wort mit ss geschrieben wird.

Erlebnis→ Erlebnisse

Bewandtnis→ Bewandtnisse

i oder ie

Der Vokal i kann in Wörtern unterschiedlich betont und geschrieben werden. Hierbei wird zwischen dem Vokal i und der Lautverbindung ie unterschieden.

Zweisilbige Wörter mit ie:

Besteht ein Wort aus zwei Silben und endet die erste Silbe offen (Silbe endet auf einem Vokal) und in der zweiten Silbe ist der Buchstabe e zu finden, so schreiben wir die Lautverbindung ie.

Wiese→ Wie-se

Fliege→ Flie-ge

Fieber→ Fie-ber

Einsilbige Wörter mit ie:

Besteht ein Wort lediglich aus einer Silbe, kann als Hilfe der Plural gebildet werden.

Tier→ Tie-re

Lied→ Lie-der

Ausnahmeregelung:

Bei den ein- und zweisilbigen Wörtern gibt es nur wenige Ausnahmen in der Schreibweise. Die Wörter müssen wie Merkwörter auswendig gelernt werden da.

Ti**ger**

Fi**bel**

Bi**ber**

Bi**bel**

I**gel**

Ni**sche**

Bri**se**

Vi**ren**

Mi**ne**

Zweisilbige Wörter mit i:

Zweisilbige Wörter, in denen die erste Silbe geschlossen endet (Silbe endet mit einem Konsonant) und in der zweiten Silbe der Buchstabe e enthalten ist, werden mit dem Vokal i geschrieben.

hinten→ hin-ten

finden→ fin-den

Rinde→ Rin-de

Winter→ Win-ter

Zweisilbige Wörter, in denen die zweite Silbe den Buchstaben e nicht enthält, wird mit dem Vokal i geschrieben.

Limo

Pirat

Krimi

Mehrsilbige Wörter werden lediglich mit dem Vokal i geschrieben.

Krokodil→ Kro-ko-dil

Gardine→ Gar-di-ne

Polizei→ Po-li-zei

Ausnahmeregelung:
Bei den mehrsilbigen Wörtern gibt es wenige Ausnahmen, die trotz der Regelanwendung mit ie geschrieben werden. Dabei handelt es sich um Wörter mit den Endungen –ieren, -ier, -ie. Diese Wörter fallen unter die Merkwörter und müssen auswendig gelernt werden.

Endung -ieren:
laminieren
voltigieren
fotografieren

Endung -ier:
Papier
Klavier
vier

Endung -ie:
die
Magie
Chemie

Wörter mit Vorsilben:
Wörter, denen Vorsilben vorangestellt sind, werden wie Wörter behandelt, die keine Vorsilbe haben. Wird die Vorsilbe weggelassen, können die bekannten Regeln angewendet werden.

Offene Silbe mit e:
verlieben→ (ver) lie-ben
vorspielen→ (vor) spie-len

Geschlossene Silbe mit e:
verbinden→ (ver) bin-den
vorfinden→ (vor) fin-den

Viele Wörter –
Grundwortschatz

Immer mehr Bundesländer greifen beim Erlernen der Rechtschreibung auf einen *Grundwortschatz* zurück. Diese grundlegenden Wortschatzlisten umfassen jeweils 700 bis 800 Wörtern, die alle Grundschüler nach Abschluss der Grundschule korrekt beherrschen müssen. Der Rechtschreibwortschatz der Grundschüler setzt sich aus dem vorgegebenen Grundwortschatz und dem individuellen Wortschatz der Schüler zusammen.

Die Listen umfassen Wörter der unterschiedlichen rechtschreiblichen Prinzipien. Leichte lautgetreue bis schwierige Wörter mit besonderen orthografischen Prinzipien müssen erlernt und verinnerlicht werden. Dabei werden die Wörter in Nachdenkwörter und Merkwörter unterschieden. Die Nachdenkwörter müssen aufgrund orthografischer Prinzipien gelernt werden. Merkwörter sind ständig gebrauchte Wörter, die von Schülern häufig falsch geschrieben werden. Aus diesem Grund müssen sie auswendig gelernt werden.

Grundwortschatz

→ Wörterliste, bestehend aus 700-800 Wörtern, die Ende Klasse 4 richtig geschrieben werden müssen

Beim individuellen Wortschatz werden häufig gewählte Wörter der Schüler einer Klasse erarbeitet und mit diesen der Grundwortschatz ergänzt. Durch die individuelle Ergänzung wird die sprachliche Lebenswelt der Schüler erweitert. Somit ergeben sich aus aktuellen Unterrichtsinhalten neue Wortfelder, die erarbeitet und verinnerlicht werden.

Da in Deutschland Schulpolitik Länderaufgabe ist, unterscheiden sich die Listen je nach Bundesland. Die Unterschiede ergeben sich aus regional bedeutsamen Wörtern, die von jedem Bundesland individuell vorgegeben werden. Der Grundwortschatz wird durch sinnvolles Üben und die Erarbeitung der Rechtschreibphänomene eingeübt.

Die jeweiligen Listen des Grundwortschatzes der unterschiedlichen Bundesländer sind im Internet verfügbar.

Aus Zahlen wird eine Menge –
Rechnen lernen

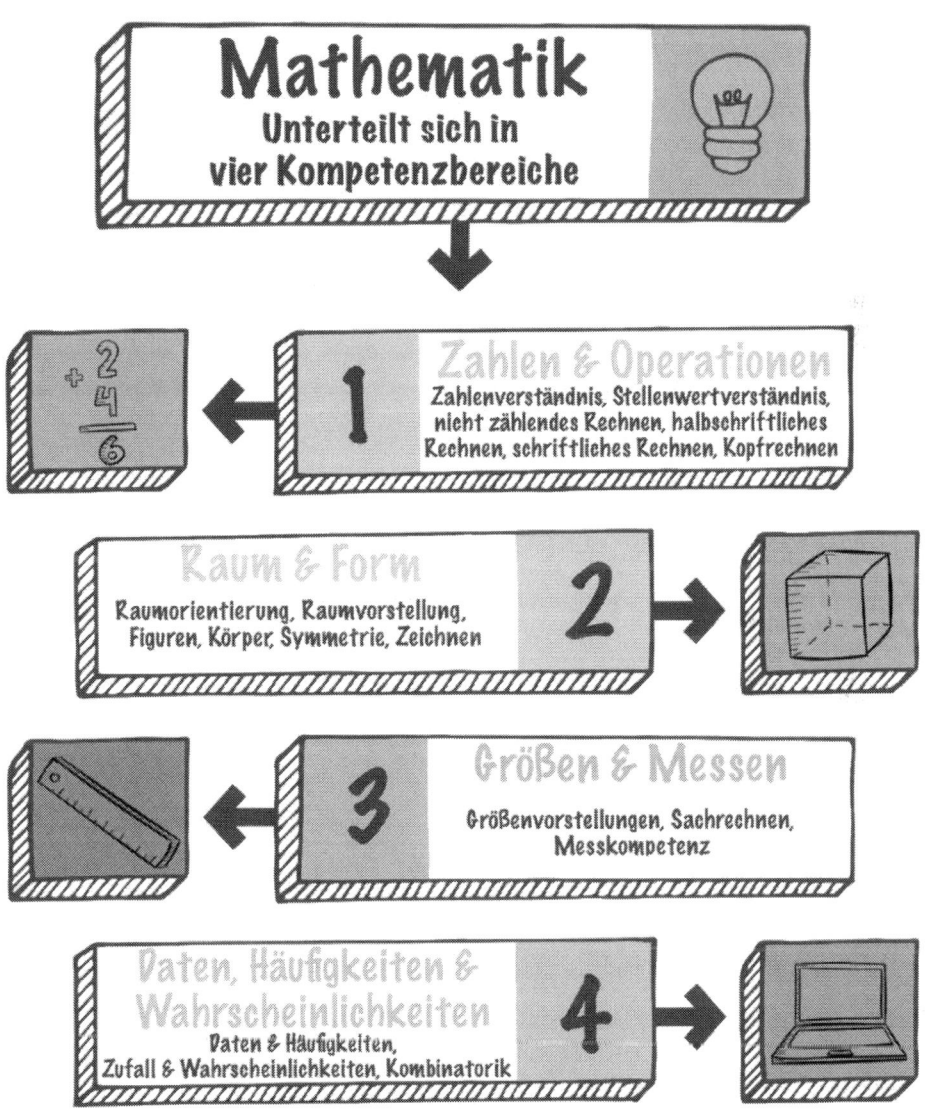

Mathematik
Unterteilt sich in
vier Kompetenzbereiche

1 Zahlen & Operationen
Zahlenverständnis, Stellenwertverständnis, nicht zählendes Rechnen, halbschriftliches Rechnen, schriftliches Rechnen, Kopfrechnen

Raum & Form 2
Raumorientierung, Raumvorstellung, Figuren, Körper, Symmetrie, Zeichnen

3 Größen & Messen
Größenvorstellungen, Sachrechnen, Messkompetenz

Daten, Häufigkeiten & Wahrscheinlichkeiten 4
Daten & Häufigkeiten, Zufall & Wahrscheinlichkeiten, Kombinatorik

Viele Schüler freuen sich auf den ersten Mathematikunterricht, da die meisten Kinder bereits Erfahrungen mit Zahlen gesammelt haben und ihr vorhandenes Wissen gerne zeigen möchten. Ziffern und Zahlen sind Kindern aus der individuellen Lebenswelt bekannt. Sie wissen, wie alt sie sind und bald werden, welche Hausnummer ihr Zuhause hat und manchmal kennen Grundschulkinder die eigene Telefonnummer.

Zudem sind viele von ihnen bereits sicher im Zählen bis 10, manche Kinder zählen bereits rückwärts. Außerdem sind viele Kinder in der Lage, eine Menge mit ihren Fingern zu zeigen. Einige können unter Zuhilfenahme der Finger bereits kleine Additions- und Subtraktionsaufgaben zählend lösen. Eltern sollten nicht verunsichert sein, wenn das eigene Kind zum Errechnen einer Aufgabe zu Beginn der Grundschulzeit die Finger benutzt, und dies auf gar keinen Fall unterbinden. Durch die verwendeten Fingerbilder prägen sich Zahlen und die dazugehörige Menge visuell und haptisch schneller ein.

Eltern können Fingerbilder sogar spielerisch als Übung einsetzen. Sie können dem Kind zu Beginn ein bestimmtes Fingerbild zeigen und die Zahl der Finger zählen lassen. Schnell sollte das Kind die unterschiedlichen Fingerbilder *simultan erfassen* können, sprich: ohne zählen die Anzahl der Finger benennen können. Diese Übung kann gesteigert werden, indem das Fingerbild nur wenige Sekunden gezeigt wird. So prägt sich ein festes Fingerbild zu einer Zahlenmenge im Gehirn des Kindes ein. Durch die Vorstellung der Fingerbilder und der dazugehörigen Menge fällt es dem Kind viel leichter, sich beim Rechnen von der Zuhilfenahme seiner Finger zu lösen.

Darüber hinaus besitzt ein Großteil der Schüler bereits ein Mengenverständnis. Dies bedeutet, dass die Kinder wissen, dass die Zahl fünf größer ist als die Zahl zwei und andersherum. Sollte ein Schüler hierbei Schwierigkeiten haben, kann eine einfache Übung helfen.

Simultan erfassen

→ Simultanerfassung bezeichnet die Fähigkeit, die Anzahl von mehreren Dingen zu erfassen, ohne diese abzählen zu müssen

Eltern nehmen ein Material, das mehrfach vorhanden ist. Dies können Plättchen oder einfach Nudeln oder Ähnliches sein. Auf die eine Seite des Tisches werden zum Beispiel drei Plättchen, auf die andere Seite fünf Stück gelegt. Zu Beginn soll das Kind die Plättchen auf jeder Seite einzeln zählen. Nachdem das Kind die Zahlen genannt hat, muss es herausfinden, auf welcher Seite mehr oder weniger Plättchen sind. Dabei kann es hilfreich sein, wenn Eltern noch einmal wiederholen, was das Kind als Lösung genannt hat. „Die Fünf ist größer als die Drei. Die Drei ist kleiner als die Fünf." So prägt sich die Mengenerfassung sicher ein.

Somit greift der Mathematikunterricht die bereits gesammelten mathematischen Erfahrungen der Schüler auf, festigt, vertieft und entwickelt die Fähigkeiten weiter. Der mathematische Unterricht der Grundschule schafft die Grundlage für eine lebenslange Auseinandersetzung mit mathematischen Herausforderungen.

Der Mathematikunterricht wird einer speziellen Konzeption gerecht. Schüler sollen das Rechnen als entdeckenden Prozess begreifen und aus gemachten Fehlern lernen. Fehltritte gehören zum Lernen dazu und dienen der eigenständigen Entdeckung von Fehlern. Zudem regt dieser Lernprozess den Schüler an, neue Lösungswege zu suchen und zum richtigen Ergebnis zu gelangen. Der Mathematikunterricht will also den Schülern eine grundlegende mathematische Bildung vermitteln. Diese Grundlagen beinhalten das entdeckende Lernen, das beziehungsreiche Üben, eine Vernetzung von Darstellungsformen und Operationen sowie den Einsatz ergiebiger Aufgaben.

Mathematische Inhalte der Grundschule gliedern sich in unterschiedliche Bereiche. Sie können in Zahlen und Operationen, Raum und Form, Größen und Messen sowie Daten, Häufigkeiten und Wahrscheinlichkeiten unterteilt werden. Daher variieren die mathematischen Inhalte des Unterrichts zwischen klassischem Rechnen, Sachaufgaben und verschiedenen geometrischen Aufgabenstellungen.

Geometrische Aufgaben beinhalten das Schätzen und Messen, die Schüler lernen die Merkmale von Körpern und Formen kennen und sie benennen. Maßeinheiten werden eingeführt sowie Flächen berechnet.

Während der gesamten Grundschulzeit erweitern die Schüler jedes Schuljahr den Zahlenraum etwas mehr. In der ersten Schulklasse beschäftigen die meisten Schüler sich mit der Addition und Subtraktion im Zahlenraum bis 20 und steigern sich in der zweiten Klasse auf den Zahlenraum bis 100. Zudem erweitern sie ihr Können beim Erarbeiten von Sachaufgaben. Ebenfalls beschäftigen sie sich mit mathematischen Körpern und Strukturen. Sie lernen mit Geldbeträgen rechnen und Mengen in Beziehungen setzen.

Die dritte Jahrgangsstufe erweitert den Zahlenstrahl bis 100000 und endet mit der vierten Klasse im Millionenraum.

Zudem erwerben die Schüler die Fähigkeit der Multiplikation und Division, den Umgang mit spezifischen Daten und erproben ihr Wissen bei Rechengesetzen und Wahrscheinlichkeiten. Das Berechnen von Flächen und Umfängen wird vermittelt, genauso wie das Rechnen mit Größen, zum Beispiel mit Geld oder Maßeinheiten.

Was ist was? – Sachunterricht

D er *Sachunterricht* zählt in der Grundschule zu den Hauptfächern und bringt mit recht vielen Unterrichtsstunden in der Woche den Schülern ihre Lebenswelt näher. Durch den Sachunterricht sollen die Schüler grundlegende Kompetenzen entwickeln. Sie sollen lernen, sich in ihrer Umwelt zurechtzufinden und sich diese aktiv zu erschließen. In unterschiedlichen Bereichen werden Situationen eingeordnet, bewertet und verantwortungsbewusst gestaltet. So lernen die Kinder die Arbeitswelt mit ihren Berufen kennen, die Umwelt mit Pflanzen und Lebewesen, Medien und ihre Auswirkungen sowie wissenschaftliche und technische Arbeitsweisen und Inhalte.

Eine nachhaltige Lebensführung und die Achtung des Menschen sind grundlegende Themen. Im Sachunterricht lernen die Kinder die

Sachunterricht

→ auch Heimat- und

Sachunterricht genannt

Idee der demokratischen Mitbestimmung kennen und bringen sich aktiv als Individuum ein. Darüber hinaus werden geschichtliches Wissen und die Bedeutsamkeit von Kultur und deren Errungenschaften vermittelt.

Ebenso werden der Unterschied zwischen Mann und Frau, Fortpflanzung und Sexualität kindgerecht und behutsam thematisiert sowie eine gesunde Lebensweise.

Das Fach Sachunterricht ist ein sehr praktisches Fach, in dem Kinder viel selbstständig entdecken und ausprobieren sollen. So stehen Experimente und das eigene Handeln im Vordergrund.

Digitale Medien, wie zum Beispiel der Einsatz von Tablet oder Computer, werden häufig fächerübergreifend behandelt. So lernen die Schüler beispielweise im Sachunterricht, mit dem PC umzugehen und wenden ihr Wissen beim Schreiben eines Textes im Fach Deutsch eigenständig an.

Immer mehr Schulen greifen auf den Einsatz von digitalen Medien zurück, viele arbeiten ausschließlich mit Smartboards als Tafelelement. Ein besonderer Fokus sollte – in unserer digitalisierten Welt – auf der verantwortungsbewussten und kritischen Auseinandersetzung mit Medien liegen. Der Nutzen sollte erarbeitet, jedoch auch die Gefahren thematisiert und Schüler entsprechend sensibilisiert werden. Welche Inhalte das Medienkonzept der jeweiligen Grundschule beinhaltet, erfahren Eltern meist auf der Homepage oder auf Informationsveranstaltungen.

In immer mehr Bundesländern wurde in der letzten Zeit der Medienpass zur Bearbeitung in Schulen eingeführt.

Als weitreichende Erweiterung der medialen Kompetenzen wurde zum Beispiel in NRW der Medienkompetenzrahmen eingeführt, um den täglichen Unterricht durch den medialen Einsatzes zu erweitern.

What is your name? – Englisch

In vielen Bundesländern wird bereits ab dem zweiten Halbjahr des ersten Schuljahres das Fach Englisch unterrichtet. Im Englischunterricht der Grundschule steht das Sprechen und Verstehen der gesprochenen Sprache im Vordergrund. Schriftliche Elemente der Fremdsprache kommen erst in späteren Grundschuljahren sukzessive dazu.

Der englischsprachige Unterricht ist zunächst spielerisch aufgebaut. Die Schüler erwerben im Unterricht elementare sprachliche Fähigkeiten und Fertigkeiten, die sie dazu befähigen, in kindgerechten Situationen die englische Sprache zu verstehen und mit einfachen sprachlichen Mitteln situationsgerecht zu antworten. Zu Beginn des Englischunterrichts werden die ersten Vokabeln durch das Singen von Liedern und von Sprachreimen erworben und gefestigt. Erste Nomen aus den Lebensbereichen der Schüler und Sprachphrasen, wie zum Beispiel: „What ist your name?" oder „What is your favourite…?" oder „How old are you?", werden durch häufiges Wiederholen und Anwenden verinnerlicht. Einfache Satzstrukturen stetig erweitert.

Das Schriftbild der Wörter wird den Schülern bereits früh durch Wort-Bildkarten angeboten, sodass jedes Kind in seinem individuellen Lerntempo die Sprache erwerben kann. Meist wollen die Kinder ihr erworbenes Wissen in unterschiedlichen Situationen, auch außerhalb der Schule, anwenden. Eltern können mit ihnen erste Frage- Antworteinheiten üben.

Native Speaker

→Muttersprachler=

Person, die eine Sprache als

Muttersprache erlernt hat

Zudem bieten kurze Videosequenzen gute, pädagogisch sinnvolle Unterstützung. *Native Speaker* sind zu hören und meist ist eine kurze Geschichte durch visuelle Umsetzung schnell zu verstehen. Auch englische Bilderbücher mit reduzierter Sprache bieten sich an, um neues Vokabular zu erlernen und die Sprache zu erweitern. Reines Vokabellernen ist in der Grundschule, besonders in den ersten Schuljahren, nicht sinnvoll oder gewollt. Lediglich als Heranführung an das Auswendiglernen könnte, als Vorbereitung auf die weiterführende Schule, diese Methode hin und wieder angewandt werden.

Singen und Klatschen –
Musikunterricht

Im Musikunterricht singen, klatschen und musizieren die Schüler gemeinsam. Im musischen Unterricht lernen die Schüler Taktgefühl und die Auswirkung von Musik auf die Stimmung. Schüler singen gerne und erleben das gemeinsame Musizieren als Gemeinschaftsgefühl. Zudem werden mit *ORFF- Instrumenten* erste Musikstücke begleitet oder eigenständig erfunden.

Häufig wird auch in anderen Fächern mit Musik gearbeitet: In Deutsch werden Lieder zum Erlernen von Buchstaben oder Lauten gesungen, mathematische Aufgaben wie das Ein-mal-Eins können singend gelernt werden. Theaterstücke werden sprachlich und

musikalisch erarbeitet und umgesetzt. Kinder erweitern durch diese musikalischen Aktivitäten ihre sprachliche Ausdrucksfähigkeit, das Gemeinschaftsgefühl innerhalb des Klassenverbandes wird gestärkt. Darüber hinaus wird im Musikunterricht über wichtige und bedeutsame Komponisten gesprochen.

ORFF- Instrumente

→ Carl Orff verfolgt den pädagogischen Ansatz, die Musikerziehung aus der Bewegung heraus neu zu definieren. Dazu nutzt er die Orffschen Instrumente (Xylophone, Metallophone, Glockenspiele, kleine Schlagwerke und Fellinstrumente)

Malen und Zeichnen – Kunstunterricht

Der Kunstunterricht fördert die Kreativität der Schüler in unterschiedlicher Weise. Es wird ausgemalt, gezeichnet, gebastelt, gekleistert, gestaltet, geschnitten und gebaut. Das Verwenden von verschiedenen Materialien fördert die künstlerische Ausdrucksweise und schult neben der Grob- vor allem die Feinmotorik der Kinder. Der richtige Umgang mit Wasserfarben sowie das Erlernen des Farbkreises und der Mischverhältnisse der Farben sind Grundlagen des Kunstunterrichts.

Das Herstellen von kleinen individuellen Kunstwerken stärkt das Selbstbewusstsein und das Gefühl für künstlerische Schönheit. Verschiedene künstlerische Techniken werden ausprobiert, Künstler unterschiedlicher Epochen vorgestellt.

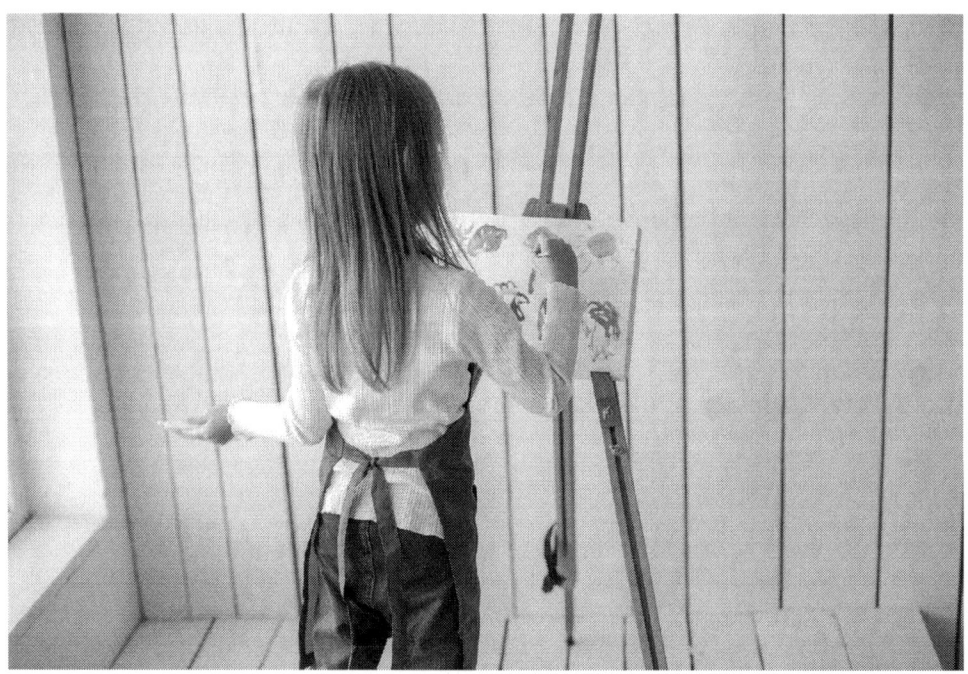

Biblische Geschichten –
Religionsunterricht

Der Religionsunterricht in der Grundschule basiert auf den christlichen Glaubensansätzen. Jeder Schüler hat Anspruch auf religiöse Bildung. Dabei wird der Religionsunterricht nach Konfessionen getrennt unterrichtet und entspricht somit dem Konfessionalitätsprinzip. Der Religionsunterricht soll die Kinder zu verantwortlichem Denken und Handeln hinsichtlich der Religion und des Glaubens befähigen. Dabei sollen sie ihre religiöse Identität ausbilden und ebenfalls die Bedeutung von Konfessions- und Religionszugehörigkeit erfahren. Ihnen werden unterschiedliche religiöse Weltanschauungen sowie Ähnlichkeiten und Unterschiede vermittelt. Die katholischen und evangelischen Glaubensansätze kooperieren im Schulsystem und arbeiten immer häufiger zusammen.

Den Schülern wird neben einer religiösen Weltanschauung strukturiertes und bedeutsames Wissen über den Glauben der Kirche vermittelt. Unterschiedliche Formen der Auslebung des Glaubens werden den Schülern näher gebracht.

Anhand biblischer Geschichten erlernen Kinder christliche Handlungsweisen und übertragen ihr Wissen auf ihre eigenen Handlungen. Religionsunterricht fördert das verantwortungsvolle Handeln zwischen Mensch und Umwelt. Schüler lernen die Welt und das Leben sensibel wahrzunehmen, zu hinterfragen und zu deuten. Dabei treten die Kinder in einen gemeinsamen Austausch und reflektieren und spiegeln unterschiedliche Ansichten. Immer häufiger erziehen Eltern ihre Kinder ohne Bezug zum christlichen Glauben. In diesen Familien stehen andere weltanschauliche und philosophische Ansichten im Vordergrund. Oft ist den Eltern das Streben nach Freiheit und Menschlichkeit durch gemeinsames Miteinander sehr wichtig. Einige Gemeinschaftsgrundschulen nutzen diesen Ansatz, um Schülern durch Offenheit für andere religiöse und weltanschauliche Überzeugungen, auf der Grundlage christlicher Bildungs- und Kulturwerte, eine umfassende Weltanschauung näher zu bringen.

In Bewegung-
Sportunterricht

Der Schulsport ist für viele Mädchen und Jungen in der Grundschule ein sehr beliebtes Fach. Viele fiebern den gemeinsamen Sportstunden in der Turnhalle regelrecht entgegen. Bewegung ist unerlässlich für eine gute Entwicklung des Schülers. Eine gute Balance zwischen sitzenden Tätigkeiten und aktiven Phasen ist für eine ausdauernde Leistung des kindlichen Gehirns unerlässlich.

Kinder wollen die eigenen körperlichen Fähigkeiten beim Laufen, Springen, Klettern, Werfen und Spielen unter Beweis stellen und sich mit Gleichaltrigen messen. Diese Bewegungsphasen finden sich in der Grundschule nicht nur im Sport- und Schwimmunterricht, nein, der gesamte Schulalltag berücksichtigt den Bewegungsdrang der Kinder. So wird ein Schultag in sitzende, aber auch aktive Unterrichtsphasen und aktive Pausen unterteilt. Lehrkräfte achten zunehmend darauf, offene Phasen in den Unterricht zu integrieren, in denen die Schüler aufstehen und sich bewegen können.

Der Sportunterricht verfolgt das Ziel, den ausgeprägten Bewegungsdrang und die Spielfreude der Schüler aufzugreifen und zu fördern. Innerhalb des Unterrichts erproben Schüler ihre Kräfte, üben sich in Geschicklichkeit und bringen sich aktiv in Situationen, in denen sie etwas wagen müssen. Sie erleben ihren Körper und ihre Fähigkeiten in unterschiedlichen Situationen und kommen an individuelle Grenzen, die sie ertragen und lernen müssen zu akzeptieren.

Darüber hinaus fördert der Bewegungsunterricht die sozialen Fähigkeiten und die *Empathiefähigkeit*.

Der Sportunterricht soll besonders die Freude an der Bewegung vermitteln, damit die Schüler ein Leben lang Sport treiben. Schülern soll bewusst gemacht werden, wie gesund und entspannend Bewegung ist.

Neben dem Sportunterricht soll der Schwimmunterricht dazu dienen, dass alle Schüler sichere Schwimmer werden.

Trotzdem ist es von Vorteil, wenn die Schüler mit dem Eintritt in die Grundschule bereits schwimmen können, da das Erlernen des Schwimmens in den wenigen kurzen Schwimmstunden meist schwierig ist. Vielmehr verbessern die Schüler ihre schon vorhandenen Schwimmerfahrungen und werden noch vertrauter mit dem Wasser.

Empathiefähigkeit

→ allgemein als Einfühlungsvermögen bezeichnet. Umfasst die Fähigkeit und Bereitschaft unterschiedliche Emotionen, Gedanken, Gefühle und Empfindungen von Mitschülern zu erkennen und nachzuempfinden.

Neben den im Stundenplan verankerten Sport- und Schwimmunterricht bieten viele Grundschulen Arbeitsgemeinschaften mit sportlichen Schwerpunkten an.

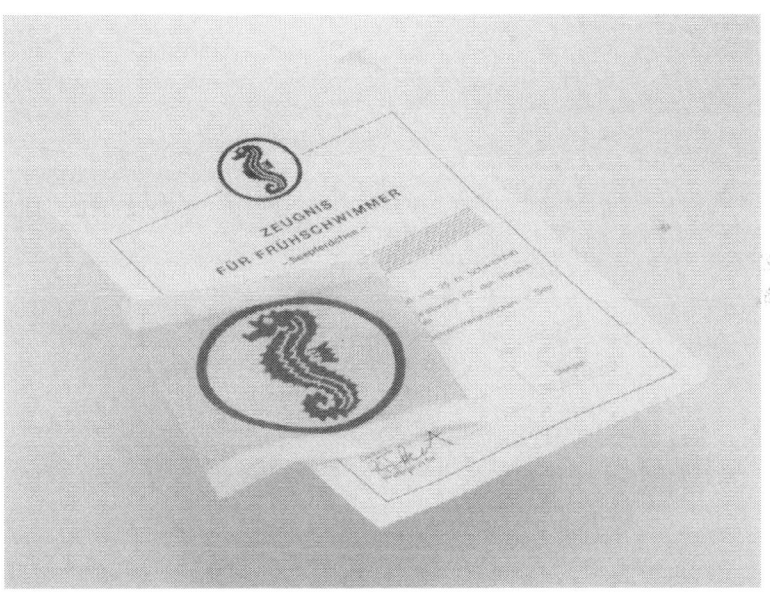

IDEEN
FÜR
GELUNGENES
LERNEN

Gewusst wie –
Lernen lernen

Neben den Grundlagen der unterschiedlichen Fächer und fachlichem Wissen erwerben Schüler innerhalb ihrer vier Grundschuljahre verschiedene Kompetenzen, die für ihr späteres Leben und ihren individuellen Lernweg entscheidend sind. Die Schule vermittelt ihnen die Kompetenz, sich eigenständig Wissen anzueignen, über unterschiedliche Lernwege nachzudenken und für sie passende Strategien herauszusuchen. Zudem lernen sie, ihren Arbeitsplatz zu strukturieren, geeignete Materialien zu beschaffen und Aufgaben selbstständig und systematisch zu bearbeiten. Ihnen wird eine effiziente Zeiteinteilung vermittelt und sie werden dazu angehalten, gemeinsam mit Arbeitspartnern über Lernwege und Ergebnisse nachzudenken.

Das eigenständige Lernen zu vermitteln, sodass die Lehrkraft immer weiter in den Hintergrund rücken kann, ist ein grundlegendes Ziel der Grundschule.

Um die geforderten Kompetenzen zu vermitteln, bedarf es geeigneter Lernmethoden. Jeder Mensch verarbeitet Informationen über unterschiedliche Sinneskanäle, lernt unterschiedlich und individuell – daher sollten Schülern zur Erarbeitung einer Aufgabe verschiedene Methoden zur Verfügung stehen. Man unterscheidet fünf grundlegende Lernmetholden, die beim dauerhaften Lernen unterschiedliche prozentuale Anteile einnehmen.

Um den unterschiedlichen Lerntypen gerecht zu werden und um besonders effektiv und erfolgreich zu lernen, sollten Unterrichtsinhalte über möglichst viele Sinneskanäle angeboten und aufgenommen werden. Durch diese Variation wird dem Schüler die Möglichkeit eröffnet, „seinen" geeigneten Zugang zum Lernstoff zu wählen.

Menschen können in unterschiedliche Lerntypen unterteilt werden, wobei je nach Lerninhalt der Sinneskanal variieren kann. Ebenfalls können mehrere Lernmetholden gleichzeitig genutzt werden und zum Erfolg führen. Die meisten Menschen sind beim Lernen also Mischtypen. Ebenfalls werden bei der Sinnesverarbeitung die generelle Motivation, die Persönlichkeit und die unterschiedlichen Interessen mit einbezogen. Somit ergeben sich sehr unterschiedliche Ausprägungen von Lerntypen. Möglichst viele verschiedene Lernzugänge anzubieten, bietet größtmöglichen Lernerfolg, da alle Hirnareale stimuliert werden. Dadurch werden schnell und sicher Verknüpfungen mit bereits Erlerntem aufgebaut, wodurch sich die Motivation und Aufnahmekapazität erhöht.

Eltern und Lehrer sollten daher jedem Schüler die Möglichkeit eröffnen, möglichst individuell Inhalte zu bearbeiten, damit der persönliche Lerntyp zum Tragen kommt.

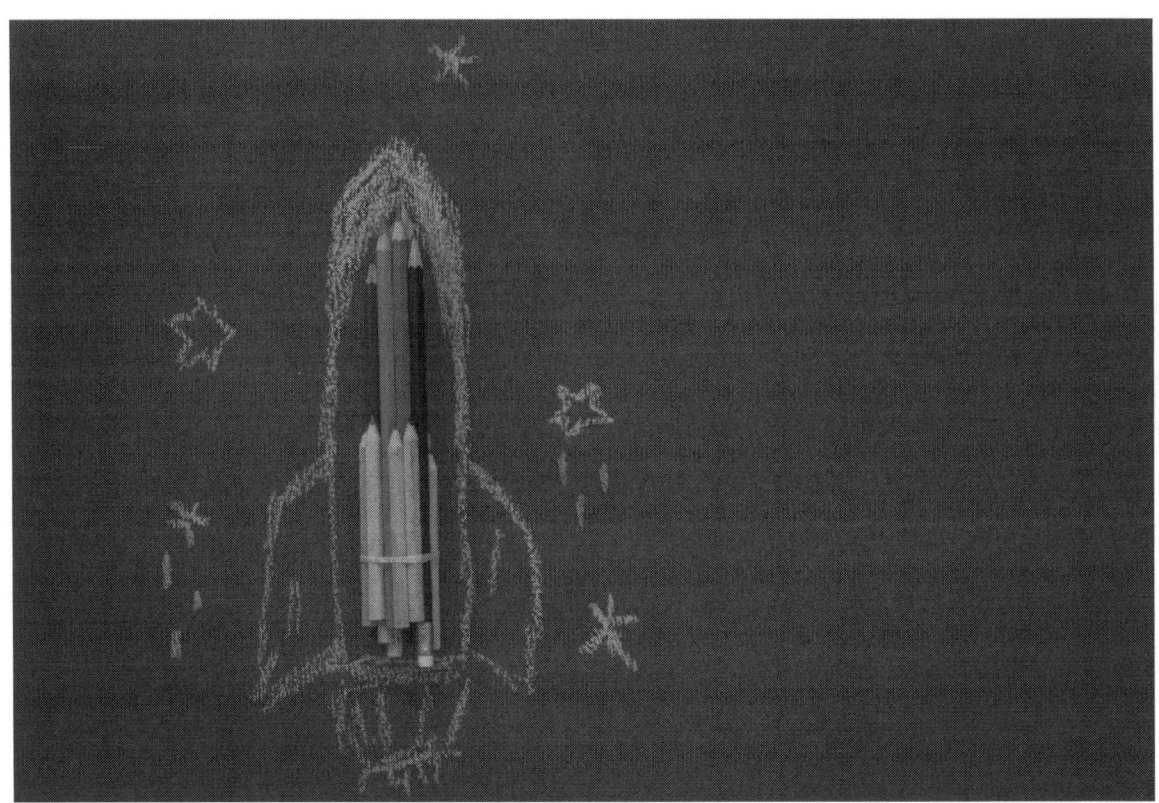

Gewusst wer –
Unterschiedliche Lerntypen

Beim Aufbereiten von Unterrichtsinhalten sollte jeder Lerntyp beachtet werden, sodass jeder Schüler einen Zugang über seinen favorisierten Sinneskanal finden kann. Wie Lerninhalte verarbeitet werden, zeigen die unterschiedlichen Lern-Typen.

Der auditive Lerner lernt Unterrichtsinhalte über die Sinnerfassung des Hörens. Gehörtes wird schnell verinnerlicht und an entsprechende Informationen im Gehirn gekoppelt und verankert. Kinder mit dieser Vorliebe lieben Musik und singen gerne. Sie arbeiten gerne mit vorgelesenen Geschichten, das Auswendig-lernen fällt

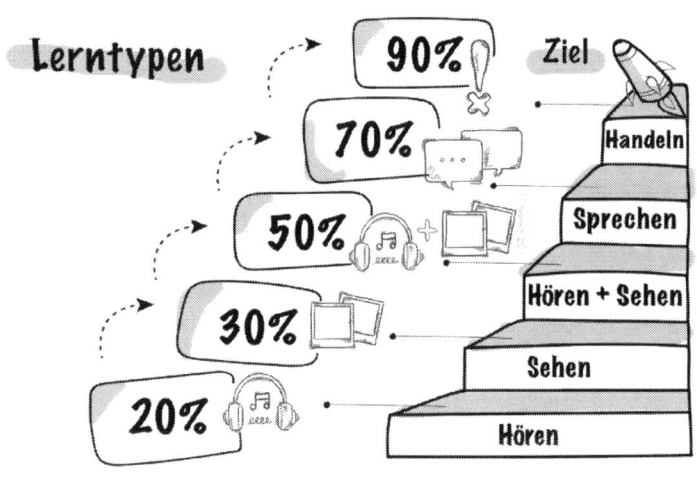

ihnen leicht. Visuelle Lerner erfassen Inhalte durch das Einprägen von gesehenen Informationen. Schüler können die Inhalte des Unterrichtes besser erfassen, wenn Texte mit Bildern oder Grafiken kombiniert sind. Beim farbigen Hervorheben verankert sich das Wissen noch effektiver im Gehirn.

Arbeitet ein Schüler gerne mit unterschiedlichen Materialien beim Lernen, versucht er, alles mit den Händen zu begreifen, und ist dabei ständig in Bewegung, so handelt es sich um einen taktil-motorischen Lerner. Diese Schüler lernen in festen Rhythmen und beim Bewegen viel leichter und effektiver.

Verinnerlicht ein Mensch Lerninhalte durch genaues Lesen von Texten und beim Abschreiben sicher und schnell und geht bei allen Arbeitsschritten systematisch und übersichtlich vor, handelt es sich um einen verbal-logischen Lerner. Kniffelige Knobelaufgaben und Rätsel sowie das Bearbeiten von Tabellen liegt diesen Kindern besonders.

Anders verhält es sich beim kommunikativen Lerner. Diese Typen denken gerne mit anderen Lernpartnern und erarbeiten Lösungsstrategien im Gespräch mit anderen. Durch den Austausch festigen sich Gedanken und Wissen effektiv.

Das tägliche Leid –
Die Hausaufgaben

Ein immer wieder heftig diskutiertes Thema sind die Hausaufgaben. Die meisten Schulen haben tägliche Haus- bzw. Schulaufgaben in ihr Schulkonzept integriert. Hier stellen sich bereits die ersten Fragen: Wie lange sollen Grundschüler die gestellten Aufgaben bearbeiten? Wie eigenständig muss das Schulkind bei der Bearbeitung sein? Wann ist der optimale Zeitraum, um die Aufgaben zu erledigen?

Die Frage des Raumes sollte ebenfalls beachtet und hinterfragt werden. Inwieweit soll eine Korrektur durch die Eltern stattfinden? Sollen die Aufgaben zu Hause bearbeitet werden, in der Zeit der Betreuung oder im offenen Betreuungszeitraum? Dabei ist wichtig zu unterscheiden, ob ihr Kind nach dem regulären Schulschluss direkt nach Hause kommt oder im offenen Ganztag betreut wird.

Reibungen vermeiden –
Hausaufgaben zu Hause

D amit die Hausaufgaben möglichst reibungslos verlaufen, sollten Eltern einige Dinge beachten. In meiner langjährigen Schulerfahrung habe ich immer wieder ähnliche Problemfälle beobachtet: Viele Schulen der verschiedenen Bundesländer geben „Hausaufgaben" oder „Aufgaben für das selbstständige Lernen" für die tägliche Wiederholung von geübten Aufgabenformaten auf.

Dabei sollte beachtet werden, dass die Vielzahl der Schüler die gestellten Aufgaben nicht zuhause bearbeiten, sondern in der Institution Schule. In einigen Schulen spricht man von „Hausaufgabenzeit", in anderen von „Lernzeit" oder
„Silentium".

In diesem Zeitraum, der in den jeweiligen Klassenstufen variiert, sollen die Schüler möglichst selbstständig, aber unter Aufsicht die Aufgabenstellungen bearbeiten. Häufig unterstützen Erzieher die entsprechende Arbeitsphase, je nach Konzept der Schule bzw. der Offenen Ganztagsschule sind auch die Lehrkräfte der jeweiligen Klasse vor Ort.

Silentium

→Latein= Ungestörtheit, sillschweigend

Sicherlich versuchen Erzieher und Lehrer die Schüler bei auftretenden Fragen zu unterstützen, jedoch ist aufgrund des Personalschlüssels eine individuelle Erklärung häufig nicht möglich. Oft reicht auch die Zeit nicht aus, um die Aufgaben auf ihre Korrektheit zu überprüfen. Somit ist es sehr wichtig, dass Eltern die Aufgaben zu Hause auf Vollständigkeit überprüfen. Ob die Aufgaben auf Richtigkeit geprüft werden müssen, sollte mit der jeweiligen Lehrkraft des Kindes abgesprochen werden.

Durch eine häusliche Korrektur unterstützen Eltern ihr Kind natürlich maßgeblich. Trotzdem sollte darauf geachtet werden, die Lerninhalte der Schule nicht vorwegzunehmen. Ebenfalls sollen Erklärungen gleich oder ähnlich wie in der Schule erfolgen. Eine gemeinsame Bearbeitung von Aufgaben, die nicht verstanden wurden, ist nur dann sinnvoll, wenn das Kind die individuelle Erklärung versteht und die Situation harmonisch verläuft. Eine reine Korrektur ohne Erklärung kann für die Lehrkraft ein verzerrtes Bild ergeben. Die Lehrperson geht dann davon aus, dass der Schüler die Aufgaben eigenständig und korrekt bearbeitet hat und wird somit in den Unterrichtsinhalten ohne weitere Erklärung fortfahren.

Eine einfache Möglichkeit dieses Problem zu verhindern, kann eine kurze Notiz unter den entsprechenden Hausaufgaben oder im Hausaufgabenheft des Kindes sein.

Die Zeitdauer der Hausaufgaben unterscheidet sich von Klasse zu Klasse. In den ersten beiden Klassenstufen (1. und 2. Klasse) sollte der Bearbeitungszeitraum circa 30 Minuten betragen. Die Schüler der höheren Klassen (3. und 4. Klasse) sollten die Aufgaben innerhalb von 45 bis 60 Minuten erledigen. Diese Vorgaben sind von der Landesregierung festgelegt und unterliegen somit nicht der freien Entscheidung einer Schule.

Wie stark die jeweiligen Zeiträume ausgereizt werden, liegt bei den Lehrkräften bzw. am Schüler. Jedes Kind benötigt seine individuelle Lernzeit, daher kann es vorkommen, dass ein Kind etwas weniger Zeit benötigt, das andere etwas mehr. Bei einem Überschreiten der Lernzeit sollte darauf geachtet werden, dass die Zeit nicht zu stark von den Vorgaben abweicht. Fünf bis zehn Minuten sind durchaus tolerabel. Falls der Schüler jedoch dauerhaft noch viel länger braucht, um die Aufgaben zu erledigen, sollten Eltern sich die Frage stellen, ob ihr Kind während der Bearbeitungszeit konzentriert gearbeitet hat. Ist dies der Fall, sollte die jeweilige Lehrkraft darüber informiert werden, dass das Kind die Anforderungen nur mit einem erhöhten Zeitaufwand bewältigen kann.

Zeigt sich der Schüler jedoch in der Arbeitsphase unkonzentriert und abgelenkt, sollte man Korrekturen an der Arbeitsphase vornehmen. Schon kleine Veränderungen helfen oft sehr!

Dies könnte zum Beispiel eine Veränderung im Arbeitsumfeld sein, ein anderer Zeitpunkt, eine zeitliche Visualisierung oder auch eine Veränderung im Arbeitsumfeld. Einige Schüler brauchen absolute Ruhe und einen festen Rückzugsort, wie zum Beispiel ihren Schreibtisch im eigenen Kinderzimmer. Anderen wiederum hilft es, wenn eine Bezugsperson als Sicherheit in greifbarer Nähe ist. Dies sollte allerdings nicht bedeuten, dass Eltern ständig neben dem Kind verweilen und jeden Arbeitsschritt überwachen oder antreiben. Zu Beginn kann das helfen, sollte jedoch sukzessive abgebaut werden.

Manchmal reicht schon eine kleine zeitliche Verschiebung, um die Konzentration des Kindes zu verbessern. Einigen Schülern gelingen die Hausaufgaben im direkten Anschluss an den Unterrichtstag am besten. Die Lerninhalte vom Unterricht sind noch präsent und der Gedanke an ein zügiges Erledigen motiviert einige Kinder zum Arbeiten. Andere Schüler brauchen nach dem Schultag erst einmal eine kurze Verschnaufpause. Eine Spielphase oder eine Ruhepause im eigenen Zimmer helfen, neue Kraft und Motivation für das Bearbeiten der Hausaufgaben zu sammeln. Wann die ideale Zeit zum Arbeiten ist, werden Eltern und Schüler im Laufe der Schulzeit gemeinsam herausfinden. Vielleicht variieren die Zeitpunkte auch innerhalb der Woche und je nach Stundenplan.

Oder Ihr Kind lässt sich beim Arbeiten immer wieder ablenken und schweift mit den Gedanken ab. Hier könnte eine zeitliche Beschränkung hilfreich sein. Eine kleine Uhr als Timer oder eine Sanduhr, die die verstrichene Zeit sehr anschaulich sichtbar macht, dient der Orientierung.

Zappelphilipp –
Das richtige Sitzen

Früher sollten Schüler in der Schule still am Tisch sitzen und aufmerksam dem Lehrer lauschen. Diese Zeiten sind glücklicherweise vorbei. Die Schulen und Lehrkräfte haben den Unterricht an die Bedürfnisse der Schüler mit ihrem ausgeprägten Bewegungsdrang angepasst.

Heute ist Zappeln erlaubt. Ärzte und Psychologen fanden heraus, dass Kinder, die sich bei sitzenden Tätigkeiten bewegen und ihre Position verändern, entspannter sind und somit produktiver arbeiten. Es wird sogar empfohlen, die Sitzposition in Abständen zu verändern. Dabei ist mit Zappeln kein permanentes Wibbeln gemeint, sondern ein gezielter Wechsel der Sitzposition – von aufrecht, zurückgelehnt, nach vorne gebeugt oder auf den Knien sitzend. Das dynamische Sitzen fördert nachweislich die Konzentration des Schülers. Für die häusliche Arbeit wurden spezielle Schreibtische und Stühle für Kinder entwickelt, die unterschiedliche Sitzpositionen zulassen. Zudem sind diese Möbel höhenverstellbar und können an die Größe des Kindes angepasst werden. Stühle sollten individuell verstellbar sein und den Rücken in unterschiedlichen Positionen aktiv stützen. Durch eine optimale Sitzposition arbeiten Schüler entspannt und eine verkrampfte Haltung des Bewegungsapparats und der Hände wird vermieden.

Smileys im Heft – Belohnungssysteme

Auch das ist meine Erfahrung: Nur wenige Schüler benötigen ein Belohnungssystem! Diese Systeme werden meist eingesetzt, um Schwierigkeiten oder Probleme von Schülern zu visualisieren und gemeinsam mit Lehrern, Kindern und Eltern festgesetzte Ziele zu formulieren und zu erreichen.

Falls sich im schulischen Bereich problematische Verhaltensweisen eines Schülers zeigen, werden die Lehrkräfte Maßnahmen ergreifen und die Eltern entsprechend informieren, um gemeinsame Ziele zu formulieren.

Häufig treten die Schwierigkeiten nicht nur in der Schule, sondern auch zu Hause auf, meist in unterschiedlicher Ausprägung. Daher kann es von Vorteil sein, zusammen mit der Lehrkraft einheitliche Belohnungssysteme für beide Bereiche zu vereinbaren. In einem gemeinsamen Gespräch wird dann neben den entsprechenden Zielen ebenfalls die Art und Weise des Systems vorgestellt. Hier kann dem Schüler auf unterschiedliche Art Rückmeldung gegeben werden: Zum Beispiel können Sterne auf einer Vorlage gesammelt werden, das Verhalten des Schülers kann durch Smileys oder Wetterphänomene visualisiert werden oder der Schüler erhält einen Schatz. Hierbei wird dem Schüler am Anfang der Woche eine Streichholzschachtel mit 5 bis 10 Perlen gegeben. Bei einem Regelverstoß werden dann Perlen aus der Schachtel genommen. Hat der Schüler am Ende der Woche noch viele Perlen, gibt es eine Belohnung.

Man wird auch über Belohnungen oder Konsequenzen sprechen. In der Schule wird das gewählte System von den Lehrpersonen begleitet. Eltern bekommen somit eine tägliche Rückmeldung über das Lern- Arbeits- oder Sozialverhalten ihres Kindes in schwierigen oder problembehafteten Bereichen.

Dem Schüler sollte deutlich sein, dass ein gewähltes System nur eine vorübergehende Maßnahme ist, um regelkonformes Verhalten zu trainieren und zu festigen.

Sticker gesucht –
Belohnungssystem für die Hausaufgaben

Selbst wenn Ihr Kind in der Schule keinerlei Schwierigkeiten zeigt, kann es bei der Bearbeitung der Hausaufgaben zu Hause zu Anlaufschwierigkeiten kommen. Einige Kinder benötigen vielleicht zu Beginn der Schulzeit eine kleine Motivation, im Ihre täglichen Aufgaben zu erledigen. Dabei kann die Unterstützung durch ein Belohnungssystem eine Maßnahme sein und helfen, eine harmonische und motivierende Arbeitsatmosphäre zu schaffen.

Es gibt zahlreiche Möglichkeiten, Kinder zur konzentrierten Arbeit zu motivieren. Auf jeden Fall sollte gemeinsam ein erreichbares Ziel und eine vertretbare Belohnung vereinbart werden. Das Ziel sollte möglichst kurz, präzise und in kindlicher Sprache formuliert und schriftlich visualisiert sein. Die Belohnungen sollten den Zielen angepasst sein. Wenn dem Kind für jede ordentliche Hausaufgabe ein Kinobesuch in Aussicht gestellt wird, ist dies nicht verhältnismäßig. Belohnungen sollten über einen längeren Zeitraum hinweg verdient werden. Dabei muss immer bedacht werden, dass es das langfristige Ziel sein soll, dass der Schüler aus eigenem Antrieb motiviert und gewissenhaft arbeitet. Daher sollte jegliche Art von Bewertungssystem dosiert und wohl überlegt eingesetzt werden. Falls eine Visualisierung des jeweiligen Verhaltens eingesetzt wird, sollten Eltern überlegen, welche Form sich eignet und einfach umzusetzen ist. Denn ein System soll Erleichterung im Alltag bringen und nicht zusätzlich Arbeit schaffen. Im Anhang finden Sie einzelne Beispiele und Ideen zur Umsetzung von Belohnungssystemen.

Berufstätigkeit und Schule – Betreuungsmöglichkeiten

Viele Eltern benötigen aufgrund ihrer eigenen Berufstätigkeit eine Betreuungsmöglichkeit für ihr Kind. Der Zeitumfang der Betreuung ist – je nach Arbeitszeit – unterschiedlich. Da die reguläre Schulzeit der Grundschulen einem festen Stundensatz unterliegt, variiert dieser im Stundenplan mit unterschiedlichen Unterrichtszeiten.

Daher bieten die Schulen feste Betreuungszeiten mit Verlässlichkeit an. Dabei wird meist zwischen einer Betreuung bis zum Mittag, einer „offenen Ganztagsschule" oder einer *„gebundenen Ganztagsschule"* unterschieden.

Gebundene Ganztagsschule

→ Unterricht und Ganztagsangebote sind zu einer Einheit verbunden, daher besteht eine verpflichtende Teilnahme

Verlässliche Zeit – Betreuungsangebot

Eltern, die ihre Arbeitszeiten annähernd an die Unterrichtszeiten des Kindes anpassen können, jedoch trotzdem einen Zeitpuffer und einen festen Abholtermin benötigen, können ihr Kind in einer festen Betreuungsgruppe meist bis Mittag anmelden. Dabei werden die Schüler bis zum vertraglich festgelegten Zeitpunkt in der Schule betreut. In der Regel werden keine Hausaufgabenzeiten angeboten, auch das Mittagessen entfällt aufgrund der geringen Betreuungszeit und frühen Abholzeit. An den meisten Grundschulen endet die Betreuungszeit mit dem Ende der sechsten Unterrichtsstunde. Dies bedeutet, dass Ihr Kind an jedem Tag der Woche nach dem individuellen Schulschluss in die Betreuung wechselt und dort vom Elternteil abgeholt wird. Einige Schüler gehen nach Ende der Betreuungszeit eigenständig zu Fuß oder werden mit dem Schulbus nach Hause gebracht.

Zu Beginn der Schulzeit sieht die Stundentafel der Schüler ein geringeres Unterrichtspensum vor, sodass gerade in den ersten beiden Schuljahren ein Betreuungszeitfenster benötigt wird.

Da spätestens ab der dritten Klasse das Unterrichtspensum ansteigt, verkürzt sich diese Betreuungszeit automatisch. Eltern müssen dann entscheiden, ob weiterhin eine Betreuung benötigt wird.

Zu bedenken ist dabei, dass in unterschiedlichen Schulsituationen Schulstunden ausfallen oder reduziert werden müssen. Dies kann zum Beispiel in Krankheitsfällen von Lehrkräften der Fall sein. In den meisten Fällen versuchen die Schulen einen spontanen Ausfall zu vermeiden oder betreuen die jeweiligen Kinder entsprechend. Trotz allem kann es jedoch zu langfristigen Unterrichtsausfällen kommen, sodass somit wieder ein Betreuungsbedarf besteht.

Berufskompatibel –
Offene Ganztagsschule

Für arbeitende Eltern, die neben dem Vormittag ebenfalls am Nachmittag ein Betreuungsangebot für ihre Kinder benötigen, bietet sich die Anmeldung an einer *„Offenen Ganztagsschule"* an. Bei diesem Angebot handelt es sich meist um eine reguläre Beschulung am Vormittag in Kombination mit einer umfassenden Betreuung im Anschluss an den Unterrichtsalltag.

Dieses Angebot schließt ein gemeinsames Mittagessen und eine Hausaufgabenzeit ein. Darüber hinaus bieten viele Schulen am Nachmittag unterschiedliche Aktivitäten an, wie zum Beispiel Arbeitsgemeinschaften und Sportaktivitäten. Diese Angebote sind freiwillig und können je nach Interesse individuell gewählt werden. Ansonsten können sich die Kinder auf dem Schulgelände im freien Spiel miteinander beschäftigen und unterschiedlichen Aktivitäten, wie zum Beispiel malen und basteln in den jeweiligen Gruppenräumen, nachgehen.

Offene Ganztagsschule

→ Mittagessen, Hausaufgabenbetreuung und Arbeitsgemeinschaften bilden das Nachmittagsangebot, daher besteht bei wichtigen Gründen und in Absprache keine Teilnahmepflicht

Die Hausaufgaben werden dann am Nachmittag erledigt oder in den Tagesablauf des Nachmittags integriert. Häufig geschieht dies in Kleingruppen in unterschiedlichen Räumen. Ob und inwiefern die Hausaufgaben kontrolliert werden können, ist immer individuell mit dem Konzept der Schule abzugleichen.

Neben der Betreuung am Nachmittag deckt dieses Angebot auch einen gewissen Zeitraum innerhalb der Ferien ab. Welchen Zeitraum diese Ferienbetreuung umfasst, wird meist stadtintern geklärt und frühzeitig für die familiäre Planung bekannt gegeben. Die Kosten der Betreuung und des Mittagsessens sind von den Eltern zu tragen, es sei denn, es besteht eine Kostenübernahme seitens des Amtes.

7

NOTEN
UND
CO

Wie kommt es zu Noten? – Leistungsbewertung

Kinder sind von Natur aus neugierige Wesen, die lernen möchten und ihre Leistungen gerne zeigen und mit anderen vergleichen. Die Lern- und Leistungsentwicklung sowie die entsprechenden Ergebnisse der Schüler beobachtet und dokumentiert die jeweilige Lernkraft individuell und differenziert. Der Unterricht wird auf der Grundlage der unterschiedlichen Entwicklungsstände der Schüler vom Lehrer geplant und bei Bedarf differenziert. Dadurch wird jedes Kind beim Wissenserwerb gezielt unterstützt und gefördert.

Beim Unterrichten geht es nicht nur um Wissensvermittlung, sondern ebenfalls darum, den Kindern das eigenständige Lösen von Schwierigkeiten und Problemen beizubringen. Sie sollten also bald in der Lage sein, ihr bereits vorhandenes Wissen anzuwenden und sich geeignete Informationen eigenständig zu beschaffen. Sie erlernen das gemeinsame Arbeiten in einer Gruppe oder mit einem Partner und erfahren, wie sie ihre Fähigkeiten zielbringend in der Gemeinschaft einbringen können. Sie lernen also, dass man gemeinsam gute Arbeit leisten kann. Das Akzeptieren fremder Meinungen und das gezielte Eingehen auf andere Standpunkte zeigen die hohe Sozialkompetenz eines Kindes.

Wie werden die erbrachten Leistungen des Kindes nun bewertet? Zur Leistungsbewertung werden nicht nur alle schriftlichen Ergebnisse, sondern alle erbrachten Leistungen Ihres Kindes begutachtet und entsprechend bewertet.

Hierzu zählen alle mündlichen Beiträge, unterschiedliche Arbeitsergebnisse und Arbeitsdokumente wie zum Beispiel *Portfolios*, Lerntagebücher, Referate, Lernplakate oder mündliche

Portfolio

→ Portfolio ist eine Sammlung von Dokumenten, die unter aktiver Beteiligung des Schülers gesammelt wird und Auskunft über Lernergebnisse und Lernprozesse gibt. Die Grundlage eines Portfolios bilden ausgewählte Originalarbeiten.

Vorträge. Zu bewerten sind hierbei nicht nur die Ergebnisse, sondern alle zielbringenden Arbeitsschritte, die individuelle Anstrengungsbereitschaft und die entsprechenden Lernfortschritte. Zur Leistungsanalyse werden neben den Einzelleistungen ebenso die Ergebnisse der Gruppenarbeit hinzugezogen.

Somit ist das Leistungsspektrum sehr umfangreich und individuell.
Während der Klassenpflegschaftssitzungen wird die Lehrkraft über das Leistungskonzept der Schule und der jeweiligen Klassenstufe sprechen. Oftmals wird ebenfalls auf der Homepage oder bei Veranstaltungen der Schule über das Leistungskonzept informiert. Zudem erfahren Eltern, welche Kriterien zur Bewertung hinzugezogen werden und welchen prozentualen Anteil die jeweiligen Leistungen (mündlich/schriftlich) ausmachen.

Die Lehrer führen mit Schülern in regelmäßigen Abständen Lerngespräche oder überprüfen das subjektive Lernstandsgefühl durch entsprechende Bewertungs-fragebögen. Die Schüler beantworten die altersgemäßen Fragen durch Ankreuzen von Smileys oder von vorgegebenen Antworten oder formulieren eigene Antworten.

Dabei finden beide Seiten heraus, an welcher Stelle sich das jeweilige Kind im Entwicklungsstand befindet und erarbeiten ggf. Lernwege zu einer Verbesserung.

Aufregung garantiert –
Klassenarbeiten

Ob und ab welchem Schuljahr in der jeweiligen Grundschule Klassenarbeiten und Tests geschrieben werden und ob diese benotet werden, beschließt die Grundschule intern. Eltern sollten sich über die Benotungsgrundlage entsprechend informieren und herausfinden, ab welchem Schuljahr Ziffernnoten gegeben werden.

In den meisten Grundschulen werden spätestens ab dem dritten Schuljahr die Leistungen der Schüler durch Klassenarbeiten und Tests bewertet und überwiegend mit Ziffernnoten beurteilt. Klassenarbeiten werden meistens in den Fächern Deutsch und Mathematik geschrieben, in den anderen Fächern gibt es Tests zur Überprüfung des Wissensstandes der Schüler.

Welche Gewichtung dabei die schriftlichen Klassenarbeiten und die Tests haben, ist abhängig vom Beschluss der Schule. Neben den schriftlichen Klassenarbeiten können Tests auch als mündliche Leistung mit in die Gesamtbewertung einbezogen werden. Auch diese Gewichtung ist abhängig vom Beschluss der Schule.

Zur Anzahl der Klassenarbeiten oder Leistungsüberprüfungen gibt es keine landeseinheitliche Angabe. Die Anzahl wird durch die Schule festgelegt und in den meisten Fällen im Rahmen der Klassenpflegschaftssitzungen angegeben und erläutert.

Oftmals erfolgt der Übergang zur Ziffernbenotung fließend. In diesem Fall beginnen die Lehrer meist ab der 2. Klasse, erste Tests genauer zu kontrollieren und entsprechend zu bewerten. Bei dieser Bewertung werden häufig Smileys, motivierende Worte oder Sprüche verwendet. Durch dieses System gewöhnen sich nicht nur die Schüler langsam an das Notensystem, auch Eltern können so die Leistungen ihrer Kinder besser einschätzen. Dadurch wird klar, zu welchen Ergebnissen das Kind bei nachfolgenden Klassenarbeiten kommen kann. Die Ergebnisse können sich selbstverständlich in beide Richtungen verändern.

Falls bei einem Schüler bereits innerhalb der ersten Leistungsüberprüfungen Schwierigkeiten auftreten, hilft ein baldiges klärendes Gespräch, um bei schlechten oder unzureichenden Noten frühzeitig zu intervenieren.

Nicht immer fällt es Schülern leicht, mit Leistungsdruck entspannt umzugehen und die vorhandenen Leistungen korrekt abzurufen. Meine Erfahrung dabei ist, dass der „Leistungsdruck" nur selten vonseiten der Schule kommt, sondern sehr viel häufiger durch die Kinder selbst aufgebaut wird. Eltern sollten ihr Kind in den jeweils erbrachten Leistungen unterstützen und wertschätzen, damit auch zuhause kein Leistungsdruck entsteht. Wie viel Druck, Ansporn, Ermahnung oder Korrektur das eigene Kind benötigt, wissen Eltern am besten einzuschätzen. Im Zweifelsfall kann der Klassenlehrer des Kindes diesbezüglich sicherlich eine Einschätzung abgeben.

Füller gezückt –
Klassenarbeiten Deutsch

Das Fach Deutsch gliedert sich in *drei Teilbereiche*, die in den meisten Grundschulen zu einer Gesamtnote in Deutsch zusammengefasst werden. Die Gewichtung der Teilbereiche variiert und wird in den Jahrgangsstufen unterschiedlich gewichtet. Die Gesamtnote unterteilt sich in die Bereiche Lesen, Rechtschreibung und Sprachgebrauch.

Bei der Bewertung des Lesens werden unter-schiedliche Fertigkeiten gefordert und überprüft. Einerseits wird die Methode, Betonung und das Tempo des lauten Vorlesens ermittelt und andererseits die Fähigkeit, dem still Gelesenem gezielt Informationen zu entnehmen und diese zu verstehen. Diese Sinnentnahme wird gerne durch kurze Leseüberprüfungen getestet.

Teilbereiche des Deutschunterrichts

→ Lesen (Methode, Sinnentnahme, Betonung)

→ Rechtschreibung (normgerechtes Schreiben)

→ Sprachgebrauch (Verfassen freier Texte, mündliches Erzählen)

Innerhalb von Rechtschreibarbeiten wird die Sicherheit des Schülers beim normgerechten Schreiben überprüft. Dabei werden Rechtschreibstrategien angewendet und auf unterschiedliche Aufgabenformate übertragen. Gerne werden Lernwörter schriftlich getestet oder freie Texte der Schüler hinsichtlich der Rechtschreibung überprüft.

Der schriftliche Sprachgebrauch beinhaltet das Verfassen von eigenen Texten und Geschichten, meist anhand fester Kriterien. Neben relativ freien Geschichten wie zum Beispiel Fantasiegeschichten, Erlebnisgeschichten oder Gruselgeschichten, bieten sich ebenfalls geschlossene Aufgabenstellungen an, wie zum Beispiel ein Rezept, ein Unfallbericht, eine Bastelanleitung oder ein Steckbrief. Auch beim Verfassen von eigenen Texten kann neben dem Inhalt die Rechtschreibleistung mit in die Bewertung einfließen.

Auf die Zahlen, fertig, los –
Klassenarbeiten Mathematik

Im Fach Mathematik werden in Klassenarbeiten meist die zuletzt erarbeiteten Themen durch unterschiedliche Aufgabenstellungen überprüft. Einige Lehrkräfte nehmen ebenfalls kleine Wiederholungsaufgaben der letzten Arbeit mit auf. Viele Arbeiten enthalten Aufgaben zum reinen Rechnen wie das **Addieren, Subtrahieren, Multiplizieren** oder **Dividieren** sowie das Lösen von Sach- oder Textaufgaben. Ebenfalls werden Transferaufgaben gestellt, welche überprüfen, ob Schüler in der Lage sind gelernte mathematische Operationen auf andere Aufgabenformate zu übertragen. Zum Teil werden auch geometrische Aufgaben in die Überprüfung integriert.

Rechenoperationen

→ Addieren +

→ Subtrahieren –

→ Multiplizieren x

→ Dividieren :

Die mathematischen Aufgaben haben häufig einen unterschiedlichen Schwierigkeitsgrad und werden somit unterschiedlich bei der Bepunktung gewichtet. Sehr gerne wählen Lehrkräfte auch Kopfrechenaufgaben, um die Rechenfähigkeit der Klasse zu kontrollieren.

Neben den offiziellen Klassenarbeiten, die meist umfangreich gestaltet sind, werden zudem kurze Tests in den Schulalltag integriert. Dabei wird ein kleiner Teil der bearbeiteten Aufgabenstellungen überprüft und sowohl für die Benotung wie zur Diagnostik des Lernstandes oder von Lerndefiziten genutzt.

Erläuterung von Noten

D ie Leistungen werden in allen Schulen nach einem festgelegten Notensystem bewertet. Ob die jeweilige Grundschule die Ergebnisse als Wort, als Ziffer oder als Kombination aus beidem benotet, entscheidet jede Schule individuell.

Note	Ziffernnote	Beschreibung der Leistung
sehr gut	1	Die Leistungen entsprechen den Anforderungen im besonderen Maße.
gut	2	Die Leistungen entsprechen den Anforderungen im vollen Maße.
befriedigend	3	Die Leistungen entsprechen im Allgemeinen den Anforderungen.
ausreichend	4	Die Leistungen entsprechen im Gesamten noch den Anforderungen, weisen jedoch Mängel auf.
mangelhaft	5	Die Leistungen entsprechen den Anforderungen nicht. Es ist jedoch in Teilen erkennbar, dass die notwendigen Grundkenntnisse vorhanden sind und die Mängel in absehbarer Zeit behoben werden könnten.
ungenügend	6	Die Leistungen entsprechen nicht den Anforderungen. Selbst die Grundkenntnisse sind lückenhaft, sodass die Mängel in absehbarer Zeit nicht behoben werden können.

Unterschiedlich –
Differenzierung in den Klassenarbeiten

Mittlerweile hat es sich in vielen Grundschulen etabliert, dass *differenzierte Klassenarbeiten* konzipiert und entsprechend geschrieben werden. Eine Differenzierung ist für Schüler anzustreben, die den Leistungsstand der Mehrheit der Klasse noch nicht erreicht haben. Um negative Ergebnisse in Klassenarbeiten zu vermeiden und dadurch Leistungsdruck oder im schlimmsten Fall eine Schulangst zu provozieren, kann eine Differenzierung erforderlich und ratsam sein.

Eine der Schülerleistung angepasste Klassenarbeit wird entsprechend anders bewertet und für Eltern schriftlich visualisiert. Oft befindet sich darauf ein Vermerk, dass es sich um eine reduzierte oder differenzierte Leistungsüberprüfung handelt. Einige Schulen sprechen hier auch von Notenschutz. Falls dies auf ein Kind zutrifft, wird der Klassenlehrer oder Fachlehrer mit den Eltern ein klärendes Gespräch führen, um sie über alle Maßnahmen und Auswirkungen zu informieren.

Differenzierte Klassenarbeiten

→ an den individuellen Leistungsstand eines Schülers angepasste Leistungsüberprüfung

Die Differenzierung kann dabei sehr unterschiedlich ausfallen und in Intensität und Quantität variieren. Daher sind Klassenarbeiten innerhalb der Klasse nicht immer miteinander vergleichbar, was bei Eltern vermehrt Fragen aufwirft. Somit kann es vorkommen, dass ein Schüler bei der Klassenarbeit andere Aufgaben gestellt bekommt, die aber dem momentanen Lernstand entsprechen. Zudem kann die Bearbeitungszeit variieren und entsprechend verlängert oder verkürzt werden. Ebenfalls kann der Umfang der gestellten Aufgaben, im Verhältnis zur regulären Klassenarbeit, reduziert sein.

Eine weitere Möglichkeit der Differenzierung ist, dass dem betroffenen Schüler während der Bearbeitungszeit Hilfsangebote gemacht werden. Schüler erhalten differenzierte Hilfen in Form von verbalen oder visuellen Hilfestellungen. Auch kann es vorkommen, dass ein Schüler, der sich sehr stark von äußeren Reizen ablenken lässt, die Klassenarbeit in einem isolierten Raum schreibt. So werden die Reize reduziert, auch das kann als Differenzierung gewertet werden.

Die unterschiedlichen Differenzierungsmaßnahmen kann die Lehrkraft als pädagogische Maßnahme zur Förderung oder zur Unterstützung des Schülers anwenden. Jedoch sollten sich Eltern darüber im Klaren sein, dass Differenzierungsmaßnahmen eine Reduzierung des Anspruches seitens der Schule darstellt und Eltern lediglich bei dringendem Bedarf eine Differenzierung einfordern sollten. Die Lehrkräfte der Schüler sind immer auf das Wohl des Einzelnen bedacht und versuchen, entsprechende Maßnahmen zeitnah und für Schüler wie Eltern transparent zu gestalten. Sollten Eltern dennoch das Gefühl haben, dass ihr Kind eine Differenzierung benötigt, dann sollten sie mit der Lehrkraft darüber sprechen. Die beste Lösung findet sich immer im gemeinsamen Gespräch!

Wieder da – Klassenarbeiten nachschreiben

Klassenarbeiten und Tests werden bei der Benotung berücksichtigt und sind daher von allen Schülern zu schrieben. Falls ein Schüler zum Zeitpunkt einer Klassenarbeit verhindert sein sollte, zum Beispiel durch Krankheit oder wichtige Arzttermine, so wird die Klassenarbeit zum nächstmöglichen Termin nachgeschrieben. Ebenfalls kann es zu einer zeitlichen Verschiebung kommen, falls ein Schüler eine längere Zeit nicht am Unterricht teilgenommen hat und somit noch Zeit benötigt, den versäumten Unterrichtstoff nachzuarbeiten und zu verinnerlichen. In einigen Fällen erstellen Lehrkräfte auch neu konzipierte Klassenarbeiten, um einen Vorteil zu vermeiden. Das hängt jedoch von der jeweiligen Lehrkraft und der schulinternen Vereinbarungen ab. Eine abgeänderte Klassenarbeit entspricht jedoch immer den Inhalten der ersten konzipierten Klassenarbeit. Daher ist keine Änderung des Schwierigkeitsgrades zu erwarten.

Blick aufs Kind –
Fördermaßnahmen im Schulalltag

Im Schulalltag gibt es unterschiedliche Möglichkeiten, Schüler gezielt zu fördern. Dabei unterliegt es der Kapazität und Planung der unterschiedlichen Grundschulen, inwiefern sie die Schüler individuell fördern. Förderung ist immer in zwei Richtungen zu verstehen. Dabei kann es sich um eine Förderung von Kindern mit Defiziten in einzelnen Bereichen handeln. Ebenfalls kann es zur gezielten Förderung bzw. Forderung von Schülern mit außergewöhnlichen Fähigkeiten in unterschiedlichen Fächern kommen.

Eine Förderung kann durch unterschiedliche Aufgabenstellungen innerhalb des regulären Unterrichts geschehen. Zudem kann eine Kleingruppenförderung mit wenigen Kindern eine gute Möglichkeit sein, um entstandene Defizite aufzuarbeiten. Außerdem sehen einige Grundschulen einen Förderunterricht in den Fächern Deutsch und Mathematik vor. In einigen Fällen liegen diese Stunden in den Randstunden, wodurch es möglich wird, einen Teil der Klasse früher nach Hause zu entlassen. Die Fördergruppe wird dadurch kleiner und man kann individueller arbeiten. Ist dies der Fall, wird die Lehrkraft jedes Kind zu gleichen Anteilen fördern, damit eine Gleichberechtigung bestehen bleibt.

Legasthenie

→Lese-Rechtschreib-Schwäche

Dyskalkulie

→Rechenschwäche

Über die klasseninterne Förderung hinaus besteht die Möglichkeit, externe Förderungen zu organisieren, etwa in Form eines Lesepartners, um die Lesefähigkeit zu verbessern. Einige Schulen haben ein Schüler-Patensystem etabliert, wo Schüler anderen Schülern helfen und bei kleinen Problemen unterstützen.

Eine besondere Form individueller Fördermaßnahmen wird durchgeführt, wenn bei einem Schüler eine *Legasthenie* oder eine *Dyskalkulie* diagnostiziert wird. In diesem Fall werden Schüler in besonders kleinen Gruppen individuell von einer Lehrkraft gefördert. Eine schulische Förderung ist immer mit einer häuslichen Förderung zu kombinieren, um kontinuierliche Fortschritte zu erzielen.

VERA –
Zentrale Lernstandserhebungen

An allen Grundschulen nehmen die Schüler im zweiten Halbjahr der dritten Klassen, an einer zentralen Lernstandserhebung teil. Diese Vergleichsarbeiten, auch kurz *VERA* genannt, sind für alle Schüler verpflichtend. Die zentrale Erhebung findet in fast allen Bundesländern zu einem festen Zeitpunkt statt. Die

VERA

→ Vergleichsarbeiten verpflichtend

im 3. und 8. Schuljahr in Deutschland

Lösungen der Schüler werden daraufhin an ein zentrales Verarbeitungsportal gesendet und die Daten entsprechend eingegeben. Mit diesen Vergleichsarbeiten sollen die Schulen bei der Entwicklung der Schulqualität

unterstützt werden. Somit sollen aus den Ergebnissen Konsequenzen für den täglichen Unterricht gezogen und somit die Qualität des Unterrichts überprüft bzw. verbessert werden. Darüber hinaus werden die Ergebnisse der Schulen innerhalb eines Bundeslandes und bundesübergreifend miteinander verglichen. Die Schüler werden in den Fächern Mathematik und Deutsch getestet. Die Aufgabenstellungen werden von einer zentralen Prüfungsstelle erst kurz vor dem Prüfungstag an die Schulen verschickt.

Jedes Jahr werden unterschiedliche Teilbereiche in den beiden Fächern überprüft. Im Fach Deutsch werden die Teilbereiche Lesen und Zuhören, Orthografie, Rechtschreibung und Sprache oder Sprachgebrauch untersucht.

Unterschiedliche Begriffe:

Lernstandserhebungen:

→Hessen und NRW

KERMIT (Kompetenzen ermitteln):

→Hamburg

Kompetenztests:

→Sachsen und Thüringen

Im Fach Mathematik werden die Teilbereiche Daten, Häufigkeit und Wahrscheinlichkeiten, Geometrie & Stochastik, Zahlen und Operationen, Raum und Form, Größen und Messen oder Muster und Strukturen überprüft.

Die *Lernstandserhebungen* dienen nicht der Leistungsbewertung des Kindes, sondern werden lediglich als Instrument zur Feststellung der Schul- und Unterrichtsqualität genutzt. Somit werden die Leistungen auch nicht bewertet oder benotet. Die Schulen

werden die Schüler nicht auf einzelne Aufgabenstellungen wie in Klassenarbeiten vorbereiten. Jedoch werden den Schülern unterschiedliche Aufgabenformate vorgestellt, sodass ihnen die Bearbeitung leichter fällt.

Leistungen schwarz auf weiß – Das erste Zeugnis

D as erste Zeugnis ist für Schüler und Eltern eine spannende Angelegenheit. Alle Schüler möchten in der Schule erfolgreich sein, gute Leistungen erbringen, sich mit anderen Mitschülern messen und für ihre Leistungen gelobt und wertgeschätzt werden.

Die Leistungen der Schüler werden bereits im ersten Schuljahr gewürdigt und geschätzt. Um gerade zu Beginn der Schulzeit kindliche Leistungen positiv zu schätzen und einen möglichen Notenvergleich unter den Kindern zu vermeiden, erhalten die Kinder am Ende des ersten Schuljahres ein Berichtszeugnis ohne Noten. In diesem Zeugnis werden alle Leistungsstände des Kindes individuell beschrieben und die einzelnen Fächer genau betrachtet. Dabei werden neben dem momentanen Ist-Zustand ebenfalls die individuelle Entwicklung sowie die Lernfortschritte beurteilt und schriftlich fixiert.

Erst in späteren Zeugnissen, was wiederum abhängig von der jeweiligen Schule ist, werden ab Klasse 2 oder Klasse 3 Noten gegeben. Ab welchem Schuljahr die Berichtszeugnisse mit Ziffernnoten erweitert werden, entscheidet die Schulkonferenz. Neben den einzelnen Notenziffern enthalten die Zeugnisse auch eine Textpassage zu den jeweiligen Fächern sowie zur individuellen Leistungsentwicklung.

Das Aussetzen von Noten in Zeugnissen ist bis zur dritten Klasse nach Abstimmung in der Schulkonferenz möglich, dann bleibt das Berichtszeugnis als Leistungsaussage bestehen. Ebenfalls nimmt die Schulkonferenz Einfluss auf die Bewertung und Fixierung des Arbeits- und Sozialverhaltens in Zeugnissen.

Immer mehr Schulen haben sich im Laufe der Zeit für eine detaillierte Bewertung des Arbeits- und Sozialverhaltens entschieden und diese in das jeweilige Zeugnis aufgenommen. Durch das Dokumentieren des Arbeits- und Sozialverhaltens bekommen Eltern einen guten Überblick und eine Rückmeldung darüber, wie ihr Kind in der Schule mitarbeitet und im Klassenverband gemeinsam mit anderen Kindern lernt und zusammenarbeitet.

Die jeweiligen Zeugnisse werden zu zwei Zeitpunkten im Schuljahr ausgestellt: Die Bewertung findet jeweils zum Halbjahr und zum Ende des Schuljahres vor den Sommerferien statt. Somit wird die Leistung Ihres Kindes im laufenden Schuljahr in zwei Hälften eingeteilt und entsprechend bewertet. Ob das Kind bereits im ersten Schuljahr zum Halbjahr eine Leistungsrückmeldung erhält, ist von Schule zu Schule verschieden.

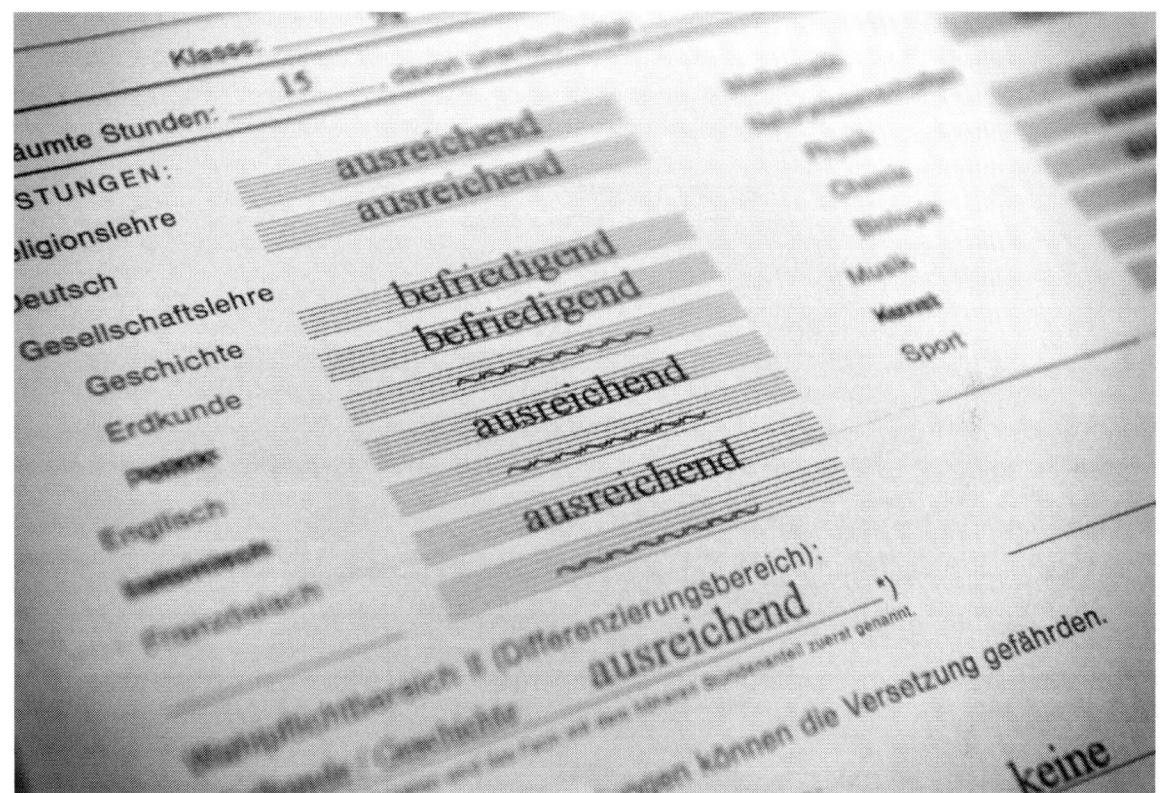

Leistungen in Zahlen –
Zeugnisse mit Noten

Je nach Schule erhalten die Schüler ihr erstes Zeugnis mit Noten zu unterschiedlichen Zeitpunkten. Von Klassenstufe zu Klassenstufe können die Zeugnisformate entsprechend variieren. Dennoch fiebern die Schüler und meistens auch die Eltern dem ersten Notenzeugnis entgegen. Das Vergleichen mit Mitschülern und die sichtbare Leistung schwarz auf weiß ist für die Schüler besonders wichtig und interessant. Kinder wollen sich mit Gleichaltrigen messen und vergleichen. Dies wird durch ein Notensystem in Ziffern besonders sichtbar, wobei die Vergleichbarkeit ein anderes Thema ist. Auch Eltern haben an dem Zeugnis mit Ziffernnoten ein hohes Interesse. Diese Skalierung in einem festen System zeigt Verbesserung oder Verschlechterung der Leistungen des Kindes auf einen Blick und erleichtert somit den Leistungsüberblick. Viele Menschen wollen einen Vergleich, um sich daran zu messen. Auch viele Eltern interessieren sich dafür, wo ihr eigenes Kind im Vergleich zu anderen Schülern steht. Dieser Vergleich ist jedoch oftmals ein Trugschluss, denn eine feste Ziffernnote kann sehr unterschiedliche Nuancen beinhalten.

Zur Verdeutlichung kann die Note 2 (gut) bei unterschiedlichen Schülern eine sehr individuelle Bedeutung haben. Schüler A zeigt in allen Bereichen eines Faches gute Leistungen, dabei wurden die schriftliche Leistung in Klassenarbeiten, die schriftlichen Leistungen in den täglichen Unterrichtstunden, Aufgaben im häuslichen Bereich sowie die mündlichen Leistungen beachtet. Somit erhält er die Note 2 im Zeugnis als Endnote.

Die Note 2 des Schülers B hingegen setzt sich anders zusammen, ergibt jedoch dasselbe Endresultat. So schwanken die schriftlichen Leistungen dieses Schülers zwischen guten und befriedigenden Leistungen, häusliche und schriftliche Aufgaben sind eher wechselhaft und können zwischen sehr guten und zum Teil befriedigenden Leistungen schwanken. Jedoch beteiligt sich der Schüler sehr lebhaft am Unterricht, was von der Lehrkraft mit sehr gut bewertet wird.

Es wird also deutlich, dass ein Vergleich über eine Ziffer kaum objektiv sein kann. Aus diesem Grund findet sich auf den Zeugnissen mit Ziffernnoten ebenfalls ein Textfeld, das jede Note noch einmal im Blick auf das jeweilige Kind beschreibt. Dadurch werden Nuancen erkennbar sowie Stärken und Schwächen noch einmal herausgestellt. Darüber hinaus findet sich auf den Zeugnissen häufig ein Vermerk über das Arbeits- und Sozialverhalten. Ebenfalls werden die Fehlstunden des Schülers im Zeugnis festgehalten. Diese Fehlstunden werden in entschuldigte und unentschuldigte Fehlzeiten unterteilt.

Ein Fahrplan zur Verbesserung – Förderempfehlungen

Förderempfehlungen werden in den meisten Schulen zusammen mit den Zeugnissen jeweils zum Ende eines Halbjahres verfasst und entsprechend verteilt. Nur einzelnen Schülern wird eine Lern- und Förderempfehlung ausgehändigt, da dies eine schriftlich fixierte Empfehlung zur Verbesserung der jeweiligen Leistungen ist. Eine Lern- und Förderempfehlung kann in jedem Fach und darüber hinaus für das Arbeits- oder Sozialverhalten ausgestellt werden.

Die Lehrkräfte fixieren den Ist- Zustand des jeweiligen Defizites und formulieren bereits Vorschläge und Hilfestellungen zur Verbesserung und zur Weiterarbeit zuhause. Ebenfalls besteht die Möglichkeit, innerhalb eines persönlichen Gespräches zwischen Erziehungsberechtigten und Lehrkräften alle weiteren Schritte der Förderung zu besprechen. Die ausgestellte Empfehlung sollte kein Grund zu Panik sein, denn die schriftliche Fixierung dient letztlich einer nachhaltigen Förderung des Schülers. Anhand der Förderempfehlungen werden frühzeitig alle notwendigen Schritte eingeleitet, um dem Kind in der Schule und zuhause seinen Bedürfnissen gemäß zu helfen.

Bei einer Lern- und Förderempfehlung zum Arbeits- und oder Sozialverhalten sollte zwingend ein persönliches Gespräch mit der Lehrkraft geführt werden, um die auffälligen Verhaltensweisen aufzudecken und gezielt zu verbessern. Wenn Ihr Kind keine Lern- und Förderempfehlung erhält, befinden sich seine Leistungen im unbedenklichen Bereich.

Noch einmal, bitte! –
Klasse wiederholen in der
Schuleingangsphase

Die reguläre Grundschulzeit umfasst vier Jahre, wobei es immer zu Abweichungen im Werdegang eines Kindes kommen kann. Dadurch kann sich die Schulzeit verlängern, aber auch verkürzen. Früher war es eine gängige Methode, Schüler, die die Kompetenzerwartung der jeweiligen Klassenstufe nicht erfüllten, das entsprechende Schuljahr wiederholen zu lassen, um alle Lücken des Unterrichtsstoffes aufzuarbeiten. Wenn die Versetzung nicht mehr zu gewährleisten war, wurde die Maßnahme seitens der Schule angekündigt und in den meisten Fällen durchgeführt. Einige wenige Schüler profitierten von dem gewonnenen Schuljahr und verbesserten ihre Leistungen deutlich. Bei einer Vielzahl der Wiederholer konnte jedoch keine signifikante Verbesserung beobachtet werden.

Aus diesem Grund wurde das Schulgesetz ab dem Jahr 2003 in den meisten Bundesländern geändert und die *flexible Schuleingangsphase* eingeführt. Hierbei handelt es sich um die Möglichkeit, dass ein Schüler bei nicht ausreichenden Leistungen oder anderen Schwierigkeiten, die die Erfüllung der Kompetenzbereiche verhindern, ein weiteres Jahr in der Schuleingangsphase verbleibt. Diese Phase umfasst die ersten beiden, bzw. drei Grundschuljahre. Im Grunde wiederholt ein Schüler ebenfalls ein Schuljahr, jedoch wird es im Zeugnis nicht so gewertet. Es wird den Kindern die Chance ermöglicht ein weiteres Jahr in der Schuleingangsphase zu verweilen.

Flexible Schuleingangsphase

→ Ziel= alle schulpflichtigen Kinder eines Jahrgangs der Grundschule entsprechend dem Grad ihrer individuellen Entwicklung entsprechend zu fördern. Die Schuleingangsphase kann in einem Jahr, in zwei Jahren oder in drei Jahren durchlaufen werden.

Wenn die Grundschule einen jahrgangsübergreifenden Unterricht anbietet, verbleibt der Schüler in der gewohnten Lerngruppe und vertieft den Unterrichtsstoff ein weiteres Jahr. Sollte die Schule mit jahrgangsgebundenem Unterricht arbeiten, muss das Kind aus seiner gewohnten Lernumgebung in eine andere Klasse wechseln. Dies hat einen Wechsel des Lehrers und der Mitschüler zu Folge. Meist gewöhnen sich die Kinder sehr schnell an die neue Umgebung und nutzen die Möglichkeit, den versäumten Stoff nachzuarbeiten. Tatsächlich hat das Verweilen in der Schuleingangsphase bei Bedarf einen größeren Nutzen, als das Wiederholen einer höheren Klassenstufe. Die Grundlagen des Anfangsunterrichts sind extrem wichtig, da alle Unterrichtsinhalte der weiteren Schuljahre auf diesem Grundwissen basieren. Zudem wird auf die individuelle Förderung eines jeden Schülers großen Wert gelegt, sodass ein Wiederholen durch gezielte rechtzeitige Förderung oftmals verhindert werden kann.

Sollte es dennoch zu einer Empfehlung durch die Schule kommen, die Klasse erneut zu absolvieren, sollten Eltern und Schüler dies als Chance verstehen und nicht als Niederlage. In den meisten Fällen bricht eine solche Empfehlung nie aus heiterem Himmel über Eltern hinein. In Elterngesprächen wurden sicherlich bereits die Stärken und die gravierenden Schwächen eines Kindes thematisiert, ebenso wurde wahrscheinlich schon über den Verbleib in der jeweiligen Klassenstufe gesprochen.

Anders liegt der Fall, wenn der Wunsch zur Wiederholung von den Eltern an die Schule herangetragen wird. Eltern können dann einen schriftlichen Antrag stellen, wobei es vorher ein Gespräch mit den Lehrkräften gegeben haben sollte. Dann wird innerhalb des Kollegiums und der Schulleitung das Anliegen in einer Konferenz besprochen und die Vor- und Nachteile einer Wiederholung analysiert.

Vielleicht bietet sich eine Wiederholung auch dann an, wenn eine Familie mitten im Schuljahr den Ort wechselt und somit eine andere Schule besucht werden muss. Manchmal tritt bei solch einem Wechsel eine große Diskrepanz zwischen den Lern- und Leistungsständen auf, sodass ein Rücktritt für den Schüler hilfreich sein kann.

Ist ein Kind über lange Zeit erkrankt und versäumt dadurch viel, kann eine Wiederholung ebenfalls in Betracht gezogen werden. Dann sollte nach der Genesungszeit der Ist-Zustand des Schülers ermittelt werden und gemeinsam überlegt werden, ob und wie die Lücken im Vergleich zu den Mitschülern geschlossen werden können. Manchmal ist eine Wiederholung der Klassenstufe die vernünftigste Lösung für das betroffene Kind.

Überflieger –
Klasse überspringen

Die flexible Schuleingangsphase bezieht sich nicht ausschließlich auf das Ausweiten dieser Zeit auf fünf Grundschuljahre. Ebenso bietet sich durch dieses Konzept die Möglichkeit, diese Phase auf drei Schuljahre zu reduzieren. In diesem Fall stellen Lehrer und Eltern über einen gewissen Zeitraum im Unterricht fest, dass der Schüler die Unterrichtsinhalte des jeweiligen Schuljahres bereits ganz oder in großen Teilen beherrscht oder eine überragende Aufnahmefähigkeit besitzt. Der Schüler ist den Mitschülern in Arbeitsgeschwindigkeit, Verständnis und Transferarbeit weit voraus. Falls diese besondere Fähigkeit zu spät entdeckt wird, kann es passieren, dass sich die entsprechenden Schüler langweilen und ihre Leistungsfähigkeit reduzieren, um sich den Mitschülern anzupassen.

Eine Lehrkraft bemerkt eine echte Unterforderung eines Kindes schon nach kurzer Zeit, sodass das Überspringen einer Klasse empfohlen wird. Dabei haben die Pädagogen nicht ausschließlich die Leistungen des Kindes im Blick, sondern ebenfalls die soziale und emotionale Reife, das Konfliktverhalten und die Persönlichkeitsentwicklung.

Oftmals fragen sich Eltern, ob ihr Kind in der Schule vielleicht unterfordert ist, jedoch kommt dies nur sehr selten vor. Vielmehr zeigen Schüler in unterschiedlichen Fächern Teilleistungsstärken, die es dann besonders zu fördern gilt. Falls ein Überspringen tatsächlich beschlossen wird, sollten sich Eltern darüber im Klaren sein, dass ihr Kind von nun an mit Schülern zusammen ist, die ein Jahr älter sind. Diese Schüler sind somit neben der körperlichen Komponente auch von der emotionalen und sozialen Reife weiter entwickelt. Diese Diskrepanz sollten Eltern im Auge behalten und ihr Kind entsprechend sensibilisieren und unterstützen.

ENDSPURT

Endlich „sturmfrei" –
Klassenfahrt

An vielen Grundschulen wird normalerweise einmal im Laufe der vier Grundschuljahre eine mehrtägige Klassenfahrt durchgeführt. Wann und in welchem Zeitumfang die Klassenfahrt geplant wird, ist sehr unterschiedlich. Oftmals finden die Klassenfahrten in der dritten oder vierten Klassenstufe statt.

Die Dauer ist von Schule zu Schule und sogar von Lehrer zu Lehrer unterschiedlich. Einige Klassenfahrten dauern drei Tage und zwei Nächte, andere Lehrer gehen fünf Tage auf Klassenreise. Häufig hängt die Dauer auch von dem angesetzten Budget für die Reise ab. Jeder Klassenreise muss von den Eltern in der Elternpflegschaftsitzung zugestimmt werden. Somit besitzen Eltern Mitspracherecht und können die Rahmenbedingungen zu einem gewissen Teil mitbestimmen. Allerdings sind Lehrkräfte zur Durchführung einer Klassenfahrt nicht verpflichtet.

Die Anstrengungen auf einer Klassenfahrt sind für die Lehrer enorm. Eltern sollten daher mit Einwänden und Gegenvorschlägen etwas zurückhaltend sein. Häufig kennen Lehrer die jeweiligen Jugendherbergen, das entsprechende pädagogische Programm vor Ort und fühlen sich bei der Wahl sicher. Daher helfen Elternstimmen, die die Wahl schlechtmachen, nicht.

Die meisten Lehrkräfte wissen jedoch die positiven Effekte einer gemeinsamen Klassenreise sehr zu schätzen. So werden die individuelle Reifung und die Selbstständigkeit der Schüler und der Zusammenhalt innerhalb einer Klassengemeinschaft gestärkt. Zudem ergibt sich die Chance, losgelöst von den Eltern eigene Erfahrungen zu machen und Situationen eigenständig zu bewältigen. Viele Kinder reifen in den wenigen Tagen einer Klassenfahrt emotional und sozial ungemein und kehren mit einem regelrechten Entwicklungsschub wieder zurück.

Was bei den meisten Schülern schon sehr früh zu großer Vorfreude führt, erfüllt viele Eltern mit Ängsten und Sorgen. Für eine Mehrheit der Kinder ist es die erste Reise ganz ohne ihre Eltern. Daher ergeben sich unterschiedliche Fragen, die häufig aus Unsicherheit von Eltern nicht gestellt werden. Kinder spüren diese unausgesprochenen Bedenken und übernehmen sie im schlimmsten Fall unbewusst. Daher sollten Eltern alle Fragen offen stellen, Lehrkräfte kennen die Sorgen der Eltern und können ihnen durch umfangreiche Informationen Sicherheit geben. Zudem werden Lehrer die häufigsten Fragen versuchen zu beantworten, um ihnen einen Überblick zu geben. So gerüstet können Sie der ersten Klassenfahrt optimistisch entgegensehen!

Allgemeine Fragen zur Durchführung einer Klassenfahrt:

Wie kann ich bei einem finanziellen Engpass die Reise finanzieren?
Eltern, die Anspruch auf Sozialleistungen haben, beantragen die Kostenübernahme über das Bildungs- und Teilhabepaket. Sollten Eltern ohne Anspruch finanzielle Hilfe benötigen, kann vielleicht der Förderverein der Schule einspringen. Eltern sollten die Lehrkraft frühzeitig ansprechen, um eine individuelle Lösung zu finden. Häufig können die Kosten in Raten bezahlt werden.

Kann ich im Notfall mein Kind abholen?
In einem akuten Notfall können Eltern jederzeit ihr Kind von der Klassenreise abholen. Beispiele können ernsthafte Krankheitssymptome innerhalb der Familie sein oder familiäre Notsituationen wie ein Unfall oder Todesfall. Eltern sollten in diesem Fall unbedingt die Lehrkraft kontaktieren und sich mit ihr besprechen.

Kann ich die Lehrer im Notfall telefonisch erreichen?
Eltern werden vor Antritt der Reise eine Notfallnummer erhalten, unter der die Lehrkraft jederzeit erreichbar ist. Eltern sollten jedoch den Lehrer nur im absoluten Notfall kontaktieren!

Kann der Lehrer im Notfall auch die Eltern erreichen?
Vor Antritt der Reise wird die Lehrkraft von allen Eltern Notfallnummern erfragen, um die Eltern jederzeit erreichen zu können.

Wohin geht die Klassenreise?
Der bevorzugte Ort der Reise wird am Elternabend bekannt gegeben und gemeinsam abgestimmt.

Mit welchem Transportmittel wird gereist?
Über das beste Transportmittel wird ebenfalls am Elternabend gesprochen. Häufig wird ein Busunternehmen beauftragt, den Transport durchzuführen. Einige Reisen werden mit dem Zug unternommen.

Was ist mit der Sicherheit auf der Fahrt?
Bei einem Busunternehmen gewährleistet das Unternehmen die Sicherheit während der Fahrt, die Lehrkräfte beaufsichtigen die Schüler.
Hier ein kleiner Insiderhinweis: Eltern können eine Überprüfung des Busunternehmens wird dann vor der Abfahrt den Bus und den Fahrer auf Fahrtüchtigkeit überprüfen.
Bei einer Bahnfahrt obliegt die Sicherheit der Deutschen Bahn und die Lehrkräfte führen die Aufsicht.

Gibt es ein pädagogisches Konzept vor Ort?
Die meisten Jugendherbergen bieten vor Ort ein pädagogisches Begleitprogramm zu unterschiedlichen Themen an. Neben der Lehrkraft ergänzt oft ein Erlebnispädagoge das gewählte Programm.

Welche Freizeitaktivitäten gibt es?
Neben dem festen Programm können die Schüler große Teile ihrer Freizeit selbst gestalten. Daran wachsen sie. Die Lehrkraft wird beim Elternabend über die Planungen informieren.

Dürfen Schüler auf der Klassenfahrt schwimmen gehen?
Wenn die Reise ans Meer, einen See oder ein anderes Gewässer führt, wird im Vorhinein geklärt, ob die Kinder sicher schwimmen können und ob Schwimmen überhaupt erlaubt ist. Lehrer sind beim Schwimmen sehr zurückhaltend, denn sie tragen dabei eine große Verantwortung. Sie erlauben es nur, wenn die Gewässer offiziell überwacht werden und sicher sind.

Darf mein Kind alleine auf der Klassenfahrt unterwegs sein?
Sollte ein Tagespunkt als Rallye oder Stadtbummel geplant sein, wobei sich die Schüler in Kleingruppen (nie alleine!) bewegen, wird dies vor Antritt bei den Eltern schriftlich erfragt und deren Zustimmung eingefordert. Sollten Sie unsicher sein, können Sie Ihre Zustimmung verweigern, doch überlegen Sie genau, welche Auswirkung das auf Ihr Kind hat.

Werden Eltern informiert, sobald die Schüler am Ziel angekommen sind?
„Wenn Sie nichts von uns hören, geht es uns gut!" Diesen Satz hören viele Eltern vor einer Klassenfahrt. Dass Eltern unsicher sind und wissen möchten, ob die Kinder gut angekommen sind, ist auch Lehrern bewusst. Eltern könnten zum Beispiel eine Elterngruppe anlegen. Dann könnte die Lehrkraft den Vorsitzenden der Klasse über die Ankunft informieren, der wiederum alle Eltern anschreibt.

Werden Eltern darüber informiert, wann die Schüler wieder zurück kommen?
Vor Reisebeginn wird den Eltern meist eine ungefähre Abholzeit genannt. Eltern können sich somit auf einen Zeitpunkt einstellen. Einige Lehrer informieren auch in diesem Fall den Vorsitzenden über den relativ genauen Zeitpunkt der Ankunft oder ebenfalls über Verzögerungen aufgrund von Verkehrsstörungen. So geraten Eltern nicht in Sorge, wenn die Schüler verspätet ankommen.

Welche Dokumente müssen mitgegeben werden?
Neben der Krankenversicherungskarte und dem Impfausweis (häufig als Kopie) werden noch allgemeine Abfragen über den Schüler eingesammelt. Eltern erhalten meist einen Fragebogen, auf dem alle wichtigen Informationen zusammengefasst werden. Falls Ihr Kind einen Allergiepass hat, sollte auch dieser mitgegeben werden.

Was ist, wenn sich mein Kind leicht oder schwer verletzt?
Bei leichten Verletzungen wird Ihr Kind von der Lehrkraft versorgt. Bei schweren Verletzungen wird ein Rettungswagen angefordert und Ihr Kind ins Krankenhaus gebracht, immer in Begleitung einer Lehrkraft. Gleichzeitig werden Sie über den Vorfall informiert und alle weiteren Schritte besprochen.

Wie wird mit der Gabe von Medikamenten verfahren?

Sollte ein Schüler Medikamente regelmäßig oder nach Bedarf benötigen, geben Sie diese bei der Lehrkraft mit einer genauen Beschreibung der Dosierung ab. Ebenfalls sollten Sie eine Vollmacht ausstellen, dass die Lehrkraft Ihrem Kind die Medikamente aushändigen darf. In besonderen Fällen kann ein persönliches Gespräch Unsicherheiten aus dem Weg räumen.

Was ist bei Reiseübelkeit des Schülers zu beachten?

Meist wird versucht, den Schüler in den vorderen Bereich des Busses zu setzen. Die Lehrkraft wird ein Auge auf Ihr Kind haben. Einigen Kindern helfen entsprechende Medikamente.

Mein Kind kann nicht alleine schlafen, was tun?

Eltern sollten schon vor der Klassenreise das Auswärtsschlafen proben. Aus eigener Erfahrung kann ich berichten, dass die wenigsten Kinder in der Situation große Probleme haben. Zudem schläft das Kind mit anderen Mitschülern zusammen in einem Zimmer und ist somit nicht allein. Das geliebte Kuscheltier sollte auf jeden Fall mit auf Reisen gehen! Das gibt Vertrauen.

Was passiert bei Heimweh?

Heimweh ist ein schlimmes Gefühl und kann richtig krank machen. Schüler, die unter starkem Heimweh leiden, vergessen dieses Gefühl am Tag in den meisten Fällen. Besonders in den Abendstunden oder in der Nacht zeigt sich Heimweh besonders. Lehrer wissen um dieses Problem und werden individuell auf Ihr Kind eingehen und es trösten. Ein übereiltes Abholen durch die Eltern wird vermieden, da gerade diese Kinder an der Situation wachsen und am Ende der Reise unglaublich stolz auf sich sind.

Wer schläft mit wem in einem Zimmer?

Meist orientiert sich die Lehrkraft dabei an den Wünschen der Kinder. Jedoch werden die Zimmer nach Geschlechtern aufgeteilt. Wie viele Betten in einem Zimmer vorhanden sind, hängt von der jeweiligen Unterkunft ab.

Wie viele Lehrer und anderes Aufsichtspersonal begleitet die Klasse?
Dies ist sehr unterschiedlich geregelt und hängt ganz stark von der Lerngruppe ab. In der Regel begleiten der Klassenlehrer und mindestens eine weitere Person die Gruppe. Bei inklusiven Lerngruppen erhöht sich der Bedarf an Erwachsenen entsprechend.

Wird auf Allergien/Besonderheiten beim Essen Rücksicht genommen?
Auf alle Allergien und Besonderheiten beim Essen wird Rücksicht genommen. Eltern informieren die Lehrer bitte rechtzeitig über Besonderheiten, sodass das Küchenpersonal frühzeitig Bescheid weiß.

Wer achtet auf die Nahrungsaufnahme und die Trinkmenge?
Die Schüler nehmen alle Mahlzeiten gemeinsam mit dem Lehrpersonal ein. In den meisten Fällen bedarf es keiner Überprüfung der Schüler. Lediglich bei gesundheitlichen Besonderheiten wird gezielt darauf geachtet, was die Schüler zu sich nehmen. Gerade an warmen Tagen werden die Lehrer die Schüler immer wieder an das ausreichende Trinken von Wasser erinnern.
Als kleiner Insidertipp: Vielleicht kann die Lehrkraft die Süßigkeiten im Voraus einsammeln. So können die Menge und die Zeiträume zum Naschen etwas reguliert werden, außerdem kann aus vielen verschiedenen Süßigkeiten gewählt werden.

Achten Lehrer auf die Körperhygiene?
Ja, das tun Lehrer sicherlich. Das regelmäßige Zähneputzen, Händewaschen, Gesichtwaschen und Kämmen wird eingefordert.
Noch ein kleiner Insiderhinweis: Bestimmt werden Sie der Lehrkraft ein sauberes Kind übergeben und am Ende der Reise im Gegenzug ein schmutziges, müdes, aber sehr zufriedenes Kind zurück bekommen! ☺

Wird mein Kind genug Schlaf bekommen?
Auch dies liegt im Auge des Betrachters. Es gibt eine Nachtruhe, die auch eingehalten werden soll, jedoch bekommen die Schüler sicherlich weniger Schlaf als gewohnt.

Mein Kind nässt nachts ein, kann es trotzdem mitfahren?

Aber natürlich! Dies ist gar nicht so untypisch, wie Eltern vielleicht glauben! Sprechen Sie mit der Lehrkraft und überlegen Sie gemeinsam, wie vorgegangen werden soll. Einige Schüler nehmen eine undurchlässige Unterlage mit, andere tragen eine Windelhose, die eigenständig angezogen und gewechselt werden kann. Häufig schämen sich die Schüler und zeigen Angst. Hier kann ein offenes Gespräch mit allen Schülern des Zimmers die Scharm nehmen und die Angst vor einem Ungeschick reduziert werden.

Was muss mein Kind einpacken?

Vor der Reise werden Sie eine Packliste mit allen wichtigen Dingen bekommen. Diese sollten Sie gemeinsam mit Ihrem Kind durchgehen und entsprechend packen. Denken Sie bitte daran, dass Ihr Kind sein Gepäck eigenständig tragen muss und meist weniger gebraucht wird als gedacht.

Wie viel Taschengeld darf mitgenommen werden?

Die Summe des Taschengeldes wird meist im Vorfeld festgelegt, damit etwa alle Schüler gleich viel Geld dabei haben. Meist wird nur wenig Geld für kleine Souvenirs oder Postkarten gebraucht. Die Gefahr des Verlierens oder des Diebstahls wird so ebenfalls reduziert.

Dürfen technische Medien mitgenommen werden?

In den meisten Fällen ist die Mitnahme aller technischen Geräte untersagt. Die Kinder sollen sich mit sich selbst, ihren Mitschülern und dem gemeinsamen Programm befassen. Lediglich ein Fotoapparat wird häufig erlaubt. Jedoch übernehmen dafür weder die Lehrkräfte noch die Jugendherberge die Verantwortung.

Tag der offenen Tür –
Wahl der weiterführenden Schule

Bereits vor dem Ende des zweiten Halbjahres stellen sich die unterschiedlichen *weiterführenden Schulen* zu verschiedenen Gelegenheiten vor. An vielen Schulen hat sich der Tag der offenen Tür als feste Institution etabliert. An diesen Tagen haben Schüler und Eltern die Gelegenheit, dem Unterricht beizuwohnen und sich ein genaueres Bild von Unterrichtsinhalten und -methoden zu machen. Zudem lernen die Schüler neue Fächer kennen, die an der Grundschule nicht unterrichtet werden.

Andere Schulen bieten ihren zukünftigen Schülern die Gelegenheit, an Schnupperunterricht teilzunehmen. Hier können die zukünftigen Schüler nicht nur in den Unterricht kurze Zeit „hineinschnuppern", sondern nehmen aktiv an kompletten Unterrichtsstunden teil. Somit erhalten sie einen recht genauen Einblick vom zukünftigen Unterricht. Zudem bieten die Schulen Informationsveranstaltungen für Eltern an, um ihre Lernschwerpunkte und -inhalte zu präsentieren und ihre Ansichten transparent zu machen. Während dieser Veranstaltungen können Eltern Fragen stellen, viele Unsicherheiten werden so geklärt.

Weiterführende Schulen

→ Gesamtschule

(Haupt-, Realschule, Gymnasium)

→ Hauptschule

→ Realschule

→ Gymnasium

Neben den Schulleitungen und Lehrern sind häufig auch Elternvertreter vor Ort, die gerne Ihre Fragen beantworten. Eltern sollten die Möglichkeit nutzen und sich über möglichst viele Schulen informieren und Fragen offen stellen. Somit haben Eltern bereits einen guten und umfangreichen Eindruck gewonnen, wenn sie mit dem Grundschullehrer die Vor- und Nachteile der unterschiedlichen Schulen besprechen.

Blick in die Zukunft –
Übergang zur weiterführenden Schule

Die Zeit vergeht wie im Flug und schnell sind dreieinhalb Grundschuljahre vorbei. Nun stellt sich bereits die entscheidende Frage, wie es nach der Grundschule weiter gehen soll. In vielen Bundesländern müssen sich die Eltern in Kooperation mit den Lehrern über die am besten geeignete weiterführende Schule für das jeweilige Kind klarwerden. Die Klassenlehrer kennen die Schüler nach fast vier Jahren meist sehr genau und haben die schulische Entwicklung beobachtet. Während eines Beratungsgesprächs wird die Lehrkraft eine begründete Empfehlung für eine Schulform geben. Diese Einschätzung soll Eltern helfen, die richtige Schulform zu wählen und die bestmögliche Schule zu finden.

Die Empfehlung ist als Unterstützung für Eltern gedacht und nicht bindend. Mit dem Halbjahreszeugnis der vierten Klasse erhalten die Schüler neben ihrem Zeugnis ebenfalls ein Empfehlungsschreiben zur Abgabe bei der weiterführenden Schule. Dieses Schreiben ist an den meisten Schulen verpflichtend abzugeben, um den angestrebten Bildungsweg der Kinder im Blick zu behalten. Mit den gesammelten Unterlagen machen Eltern gemeinsam mit ihrem Kind einen Termin zur Anmeldung an der Wunschschule. In den Anmeldegesprächen, bei denen auch Ihr Kind anwesend sein sollte, wollen die jeweiligen Schulleitungen oder Stufenkoordinatoren im gemeinsamen Gespräch den Schüler kennenlernen, die Leistungen anhand der Zeugnisse kurz überblicken und bei Bedarf vorhandene Fragen klären.

Häufig haben Eltern während des Termins die Möglichkeit, besondere Informationen zum Kind und dessen Leistungen zu geben. An einigen Schulen wird die Anmeldung lediglich durch das Sekretariat durchgeführt. Die weiterführenden Schulen entscheiden letztendlich über die Aufnahme des Kindes anhand des Halbjahreszeugnisses, der jeweiligen Empfehlung der Grundschule und der jährlichen Aufnahmekapazität. Einige Schulen fordern neben dem Halbjahreszeugnis ebenfalls die Zeugnisse der früheren Klassen an, um sich einen genauen Überblick über den Entwicklungsverlauf des Kindes zu verschaffen. Meist werden die Wünsche der Schüler, gemeinsam mit bereits bekannten Mitschülern eine Klasse zu besuchen, bei der Klassenbildung berücksichtig. Ob Ihr Kind an der gewählten Schule angenommen werden kann, erfahren Eltern entweder direkt im Gespräch oder erhalten eine Zu- bzw. Absage schriftlich auf dem Postweg. Bei einer Absage erhalten Sie das Anmeldeschreiben entsprechend zurück und melden Ihr Kind im zweiten Anlauf an der Schule Ihrer zweiten Wahl an.

Das Ende ist nah –
Abschlussfeier

Das Ende der Grundschulzeit wird unterschiedlich erwartet. Einige Schüler und Eltern können das baldige Ende der 4. Klasse gar nicht erwarten und fiebern einer neuen Zeit entgegen. Andere blicken zurückhaltend oder ängstlich in die Zukunft und sehen dem Abschied von der behüteten Grundschulzeit und der intensiven Zusammenarbeit mit wenigen Lehrkräften mit Wehmut entgegen.

In den letzten Wochen vor den Sommerferien herrscht somit bei den meisten Viertklässlern Aufbruchstimmung, die bei den Kindern verschiedene Emotionen zum Vorschein bringt. Daher sollten Eltern in dieser Zeit sehr sensibel mit den Gefühlen ihrer Kinder umgehen, um aufkommende Ängste oder Unsicherheiten gut abzufangen.

Um die letzten Wochen vor den großen Sommerferien so intensiv wie möglich auszukosten, unternehmen viele Klassen zum Ende noch Ausflüge oder Abschlussfeiern. In den meisten Fällen findet die Planung für den Abschluss gemeinsam mit Eltern und dem Klassenlehrer statt. An einigen Schulen hat es sich etabliert, eine letzte gemeinsame Übernachtung zu planen und ein letztes Mal Zeit gemeinsam zu verbringen.

Am letzten oder vorletzten Schultag vor den Ferien findet in den meisten Schulen eine Abschlussfeier für die Viertklässler mit der gesamten Schule statt. Die „Großen" sollen schließlich würdevoll verabschiedet werden. Häufig werden Lieder gesungen, Geschichten aus vier vergangenen Jahren erzählt und noch einmal in der Vergangenheit geschwelgt. Meistens sind Eltern zu dieser Feier herzlich eingeladen, um gemeinsam mit ihren Kindern einen schönen Abschluss feiern zu können. Auch viele Eltern verabschieden sich mit jedem Kind emotional ein Stück weit von der Grundschulzeit.

Bedenken Sie aber: Wie schwer ein Abschied auch ist, es ist immer der Beginn einer neuen aufregenden Zeit!

Hurra, hurra! –
Ferien

Ein Schuljahr unterteilt sich in jedem Bundesland in Abschnitte zwischen den jeweiligen Ferien. In allen Bundesländern sind die Sommerferien mit knapp sechs Wochen schulfrei die längste Pause. Darüber hinaus gibt es Ferien zu den christlichen Festen: Ostern (meist 2 bis 3 Wochen) und Weihnachts- oder Winterferien (meist 2 bis 3 Wochen). Ebenfalls teilen die Herbstferien (häufig 2 Wochen) eine lange Schulphase in zwei kürzere Abschnitte. Kürzere Ferienzeiträume finden durch Verlängerungen von Feiertagen statt. Wie lang, zu welchem Zeitpunkt und unter welchem Namen die Ferien stattfinden, entscheiden die Bundesländer. Eltern können die genauen Zeiträume der Ferien schon mehrere Jahre im Voraus im Internet unter schulferien.org einsehen und somit Reisen und berufliche Vorgänge entsprechend planen.

ZU GUTER LETZT

Schlusswort

Ich wünsche allen Eltern eine spannende, jedoch auch gelassene Grundschulzeit mit ihren Kindern. Bringen Sie sich Ihren Vorstellungen entsprechend in den Alltag des Schulgeschehens ein, wenn Sie daran Interesse haben. Möglichkeiten gibt es in der Schullandschaft zur Genüge!

Ich hoffe, dass ich Ihnen wertvolle und hilfreiche Tipps für eine positive Grundschulzeit geben konnte und aufkommende Fragen beantwortet habe.

Wenn Ihnen dieser Ratgeber gefallen hat, würde ich mich freuen, wenn Sie es bei Amazon positiv bewerten. So kann ich dieses Buch ständig verbessern und zukünftigen Lesern ein noch hilfreicheres Buch präsentieren.

Hier ist der Link zu Ihrem eigenen Bewertungsportal:

http://www.amazon.de/feedback

Ihnen und Ihrem Kind/Ihren Kindern wünsche ich von Herzen eine bereichernde Grundschulzeit!

Vielen lieben Dank

Nicole Golz

Anhang

Im Folgenden finden Sie unterschiedliche Beispiele für Motivations- und Belohnungssysteme. Die Belohnungskarten sind visuell für Kinder sehr ansprechend und sollten gemeinsam mit dem Kind ausgewählt, besprochen und bearbeitet werden. Hierbei können neben Ihnen als Eltern auch Lehrkräfte in die visuelle Rückmeldung der Kinder mit einbezogen werden.

Die Kinder sollten in ihrer Aufgabe eigenständig werden. Dazu sollten sie ihre tägliche Rückmeldung eigenständig einholen und ihr erreichtes Ziel eigenhändig ausmalen, stempeln oder mit einem Sticker versehen. Sollte das Verhalten keine positive Rückmeldung erhalten, sollten Eltern oder Lehrer sofort gemeinsam mit dem Schüler das unerwünschte Verhalten reflektieren. Kinder sind bereits sehr früh in der Lage ihr eigenes Verhalten zu hinterfragen und anhand von Kriterien zu überprüfen.

Bei jedem Belohnungssystem sollte ein erreichbares, möglichst klar formuliertes Ziel schriftlich fixiert werden. Zudem kann zu Beginn der Arbeit auch die zu erreichende Belohnung schriftlich festgelegt werden, um die Motivation anfänglich zu steigern. Jedoch sollten Sie immer im Hinterkopf behalten, dass die Belohnungen Stück für Stück reduziert werden sollen, um die intrinsische Motivation zu fördern und in den Vordergrund zu stellen.

Der erste Zeitraum zu Beginn der Belohnungssystemarbeit sollte möglichst kurz gehalten werden. Es kann sinnvoll sein, mit einer Woche zu beginnen und sich dann Schritt für Schritt an einen längeren Zeitraum heranzuarbeiten. Auch Rückschritte sollten in die Arbeit eingeplant werden. Häufig kommt es nach anfänglicher Euphorie zu einem Nachlassen der Motivation. In einem solchen Fall kann über einen Wechsel des Systems nachgedacht werden.

Mögliche Ziele eines Belohnungssystems

Ich schreibe Hausaufgaben immer auf!

Ich beginne sofort mit meinen Hausaufgaben!

Ich beginne sofort mit meiner Aufgabe!

Ich traue mir etwas zu und beginne eigenständig mit meiner Aufgaben!

Ich denke an meine Arbeitsmaterialien!

Ich arbeite ordentlich und sauber!

Ich konzentriere mich!

Ich melde mich im Unterricht!

Ich störe den Unterricht nicht durch Zwischenrufe!

Ich halte mich an die Klassenregeln!

Ich halte mich an die Pausenregeln!

Ich hefte Arbeitsblätter sofort ab!

Ich lese Arbeitsaufträge gewissenhaft!

Ich halte meinen Tornister ordentlich!

Ich räume meinen Arbeitsplatz auf!

Ich gebe Elternpost sofort ab!

Wegweiser

Neben dem Namen und dem verfassten Ziel sind 15 Sterne auszumalen, abzustempeln oder mit Stickern zu bekleben. Ein erfolgreiches Ergebnis erhält einen Stern. Bei Bedarf kann die in Aussicht gestellte Belohnung unter dem Wegweiser schriftlich fixiert werden.

Raketenstarter

Neben dem Ziel und dem Namen des Schülers sollen bis zum Raketenstart insgesamt 10 Sterne angemalt, gestempelt oder mit Stickern beklebt werden. Die in Aussicht gestellte Belohnung kann zum Beispiel in den Feuerschweif der Rakete geschrieben werden.

Greif nach den Sternen

15 Sterne werden benötigt, um nach dem großen Ziel zu greifen! Sterne können ausgemalt, gestempelt oder mit Stickern beklebt werden. Der Name und das gesteckte Ziel sollten schriftlich fixiert werden. Die Belohnung kann in dem Sternenhimmel geschrieben werden.

Piratenstark

Der Pirat oder die Piratenbraut muss insgesamt 10 Seesterne anmalen, stempeln oder mit Stickern bekleben, um den großen Piratenschatz zu erlangen. Dabei kann die Belohnung direkt auf der Motivationskarte schriftlich fixiert werden. Ebenso ist für den Namen des Schülers und das Ziel Platz.

Lamastark

Das fröhliche Lama begleitet den Schüler mit 10 fluffigen Wölkchen an sein gestecktes Ziel.

Die Wolken können ausgemalt, gestempelt oder mit Stickern beklebt werden. Falls die Belohnung schriftlich fixiert werden soll, kann dies im Schal passieren.

Prinzessin

Bei dem süßen Schwan führen 14 Kronen für zwei Wochen zum Ziel. Neben dem Ziel und dem Namen sollen die Kronen angemalt, gestempelt oder mit Stickern beklebt werden. Die Belohnung kann in dem rosa See schriftlich fixiert werden.

Checklisten für tägliche Aufgaben

Die folgende Checkliste für Schüler eignet sich hervorragend zum eigenständigen Kontrollieren der täglichen schulischen Aufgaben. Junge Schüler benötigen anfänglich noch die Unterstützung der Eltern, jedoch können Hilfen und Kontrollen sukzessive abgebaut werden. Kopiert und laminiert kann diese Checkliste mit einem abwaschbaren Folienstift täglich neu verwendet werden. Ein geeigneter Platz kann der Schreibtisch, die Kinderzimmer- oder Küchentür sein.

Tägliche Checkliste
Schüler

☐ Hausaufgaben vollständig erledigen

☐ Ordnung im Tornister überprüfen

☐ Einzelne, lose Arbeitsblätter in Schnellhefter einheften

☐ Hausaufgaben zur Kontrolle vorlegen

☐ Postmappe leeren (Briefe + Nachrichten auspacken und für Eltern bereitlegen)

☐ Getränkeflasche einpacken und nach dem Schultag auspacken

☐ Leere Brotdose einpacken und nach dem Schultag ausräumen

☐ Stundenplan checken (in 1. und 2. Klasse sollten Eltern dabei unterstützen)

☐ Sportkleidung packen und mitnehmen

☐ Schwimmkleidung packen, auspacken, aufhängen

☐ Tests und Klassenarbeiten zeigen und unterschreiben lassen

☐ Volle Hefte aussortieren, neue Hefte kaufen und einpacken (in 1. und 2. Klasse sollten Eltern dabei unterstützen)

☐ Schlampermäppchen auf Vollständigkeit prüfen

☐ Federmäppchen aufräumen (auf Vollständigkeit überprüfen, Stifte spitzen)

Die tägliche Checkliste für Eltern unterstützt Sie gerade zu Beginn der Schulzeit in der Organisation aller wiederkehrenden Aufgaben Ihres Kindes. Die Routine wird sich sicherlich sehr schnell einstellen, sodass ein tägliches Abharken, falls überhaupt, nur kurzfristig nötig ist. Trotzdem kann auch diese Liste in laminierter Form immer wieder zur Hand genommen werden. Einige Kinder können dadurch ebenfalls motiviert werden, da nicht nur das Schulkind seine Aufgaben erfüllen muss, sondern auch die Eltern.

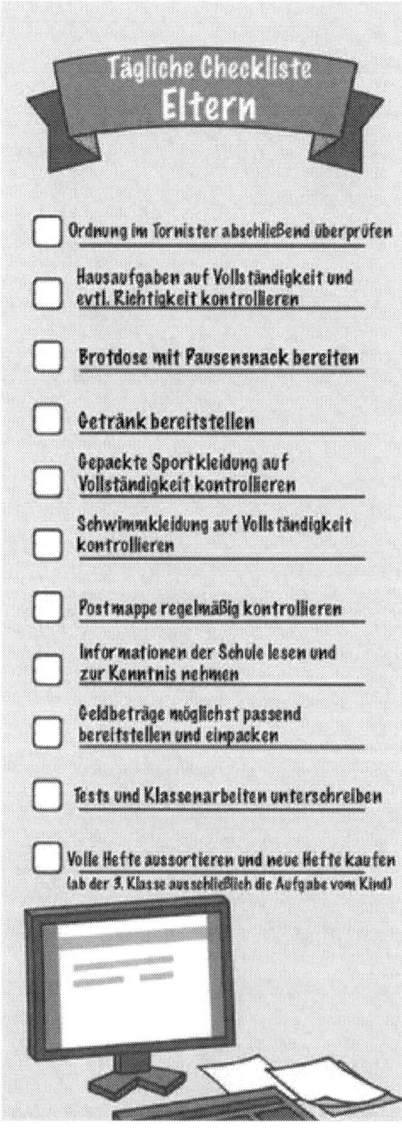

Service: Nützliche Übungsmaterialien
Deutsch

ABC der Tiere 1 – Die Silbenfibel Neubearbeitung, Mildenberger

Buchstabenlernen leicht gemacht, Persen

Buchstabensynthese handlungsorientiert trainieren, Persen

Das Übungsheft Deutsch, Mildenberger

Deutsch-Stars Allgemeine Ausgabe 1. Schuljahr Silbentraining, Oldenbourg

Deutsch Stars1Lesetraining, Oldenbourg

Die bunte Reihe- Deutsch, Westermann

Flüssig lesen lernen1/2. Schülerleseheft, Klett

Flüssig lesen lernen 1/2. Für das Üben zu Hause: Arbeitsheft, Klett

Geschichten schreiben, Jandorf

Indianerhefte Richtig Schreiben 1, Klett Verlag

Indianerhefte Schreieben 1/ 2, Klett Verlag

Indianerhefte Texte schreiben 3, Klett Verlag

Indianerhefte Schreiben zu Bildern A 1/ 2, Klett Verlag

Jeden Tag ein Satz, Auer

Kleine Leseübungen für Erstleser – Wortebene, Auer

Lesen und Rechtschreiben lernen nach dem IntraActPlus-Konzept, Springer

Lies mal-Hefte, Jandorf

Schreiben zu Bildern-lautgetreue Wörter, Jandorf

Schreiben zu Bildern-erste Wörter, Jandorf

Silben- Übungen an lautgetreuen Wörtern, Lernbiene

Mathematik

Das Forderheft Mathematik1, Mildenberger

Das Förderheft Mathematik 1, Mildenberger

Das Übungsheft Mathematik 1, Mildenberger

Denken und Rechnen, 1. Schuljahr, Förderheft, Westermann

Die Mathe- Helden, Rechnen bis 20, Klett

Mathe- Stars – Grundwissen/ 1. Schuljahr – Übungsheft, Oldenbourg

Mathe- Stars - Knobel- und Sachaufgaben/ 1. Schuljahr – Übungsheft, Oldenbourg

Mathe- Stars – Rechenkurs/ 1. Schuljahr – Übungsheft, Oldenbourg

Mein Indianerheft Richtig rechnen 1, Klett

MiniMax: 1. Schuljahr, Forderheft, Klett

Empfehlungen digitaler Medien

Die meisten Schulbuchverlage bieten mittlerweise zu den unterschiedlichen Lehrwerken geeignete Lern – Apps an. Es folgt eine Übersicht unterschiedlicher Verlage, die dann in Lern- Apps in den unterschiedlichen Fächern unterteilt wird.

<u>Übersicht Verlage</u>

Westermann Gruppe

Cornelsen Verlag

Klett Verlag

Auer Verlag

Diesterweg

Schroedel

Schöningh

Mildenberger Verlag

Oldenbourg Verlag

Duden Schulbuchverlag

Deutsch:

ANTON- App

Antolin

Lesen und Schreiben mit der ZEBRA- Schreibtabelle

Lesestart zum Lesenlernen

LÜK- App

Lernerfolg Grundschule App

Tinto App

Mathe:

ANTON- App

Mathepirat

König der Mathematik Junior

Quick Math- Multiplication Table& Arithmetic Game

Mathe- Artisten 1. Klasse

Lesen und Schreiben lernen für Kinder - die Zahlen

LÜK- App

Lernerfolg Grundschule App

Zahlenzorro.Westermann App

Plus und Minus trainieren

Einmaleins trainieren

Sachunterricht:

ANTON- App

Die Waldfibel

Geo Flug Deutschland: Spaß am Lernen der deutschen Geografie

LÜK- App

Musik:

ANTON- App

Music4Kids

Englisch:

Endless-Reader

LÜK- App

Pili Pop

Lernerfolg Grundschule App

Wizadora

Englischelernspiele.de

Duolingo: Lerne Englisch

DAZ – Deutsch als Zweitsprache:

ANTON- App

Biologie:

ANTON- App

Literatur- und Quellenverzeichnis

Internetseiten:

Anja Kleinelanghorst (2019), Der richtige Schulranzen für Erstklässler, https://www.familie.de/kleinkind/schulranzen-fuer-erstklaessler/, 05.06.2019

Bildungsportal des Landes Nordrhein- Westfalen (o.A.),Schulmitwirkung https://www.schulministerium.nrw.de/docs/bp/Eltern/Schulmitwirkung/index.html, 07.04.2020

Bildungsportal des Landes Nordrhein- Westfalen (o.A.), Stundentafel, https://www.schulministerium.nrw.de/docs/Schulsystem/Schulformen/Grundschule/Von -A-bis-Z/Stundentafel/index.html, 18.12.2019

Bildungsportal des Landes Nordrhein- Westfalen (o.A.), Hausunterricht, https://www.schulministerium.nrw.de/docs/Schulsystem/Schulformen/Kranke/Hausunte rricht/index.html, 02.01.2020

Bund der freien Waldorfschulen (o.A.), Was ist Waldorfpädagogik, https://www.waldorfschule.de/waldorfpaedagogik/allgemeiner-ueberblick/was-ist-waldorfpaedagogik/#main-content, 22.04.2020

Bundesministerium für Gesundheit (o.A.), Impfpflicht soll Kinder vor Masern schützen, https://www.bundesgesundheitsministerium.de/impfpflicht.html, 06.04.2020

Carle, Ursula Prof. Dr. (2016), Wie entwickelt sich die Schuleingangsphase in Deutschland und in der Schweiz, https://www.grundschulpaedagogik.uni-bremen.de/schuleingangsphase/seph_ueberblick.html, 20.10.2019

Cornelsen (2018), Eltern und Lehrer – ein starkes Team, https://www.cornelsen.de/magazin/beitraege/erfolgreiche-elternarbeit-schule/, 12.09.2019

Deutscher Bildungsserver (o.A.), Elternarbeit in der Schule, https://www.bildungsserver.de/Elternarbeit-in-der-Schule-12731-de.html, 23. 07.2019

Deutsche Diabetes Hilfe (2016), Mit Diabetes Typ 1 in der Schule - schulunterstützenden Maßnahmen und ihre Wege zur Beantragung, https://www.diabetesde.org/experten-chat/diabetes-typ-1-schule-schulunterstuetzenden-massnahmen-wege-beantragung, 26.09.2019

Der faule Streber (o.A.), Schulzeugnis- Was Eltern und Schüler wissen sollten, https://www.derfaulestreber.de/lernen-lernen-blog/, 26.09.2019

Die Justiz des Landes Nordrhein- Westfalen (o.A.), Gesetze des Bundes und der Länder, http://www.lexsoft.de/cgi-bin/lexsoft/justizportal_nrw.cgi?xid=492252,66, 07.04.2020

Freie alternative Schulen (o.A.) https://freiealternativschulen.de. 14.12.2020

Gemeinschaftsgrundschule Engelbertstraße (o.A.), Von der Integration zur Inklusion - gemeinsam auf dem Weg - sonderpädagogische Förderung an der Grundschule Engelbertstraße, http://www.grundschule-engelbertstrasse.de/unterricht/inklusion-gemeinsamer-unterricht, 22.04.2020

Gesetz- und Verordnungsblatt für das Land Nordrhein- Westfalen (2003), Stundentafel, https://recht.nrw.de/lmi/owa/br_vbl_show_pdf?p_id=833, 23.10.2019

Hagemann, Christine (o.A.), Lernkanal voll? Mit 15 Tipps effektiv Lernen lernen, https://www.backwinkel.de/blog/lernen-lernen/, 14.04.2020

halloFamilie.de(o.A.), https://www.hallofamilie.de/lernen/schule/1305-private-grundschulen/14.12.2020

Kindheit in Bewegung (o.A.), Warum eine Freie Schule nicht automatisch Freilernen bedeutet und welche Schulformen es außerhalb der Regelschule gibt! https://kindheitinbewegung.net/was-ist-eine-freie-schule/, 22.04.2020

Lehrer online (o.A.), Inklusion als Konzept, https://www.lehrer-online.de/unterricht/sekundarstufen/faecheruebergreifend/artikel/fa/inklusion-als-konzept/, 22.04.2020

Levrai.de (o.A.), Dehnungs-h, https://online-lernen.levrai.de/deutsch-uebungen/rechtschreibung_5_7/07_dehnungs-h/01_dehnungs-h_regeln.htm, 17.01.2020

LRS (o.A.), Lese- Rechtschreib-Schwäche, www.lrs.de, 09.10.2019

Martin R. Textor (o.A.), Elternarbeit in Kita und Schule, http://www.elternarbeit.info/, 07.09.2019

MontessoriDachverband.de(o.A.)https://www.montessorideutschland.de/einrichtungen/#:~:text=Montessori%2DEinrichtungen,den%20Prinzipien%20der%20Montessori%2DP%C3%A4dagogik.,14.12.2020

Mildenberger (o.A.), Schlag nach, schau nach!, https://www.schlag-auf-schau-nach.de/rechtschreib-tipps/wann-schreiben-wir-ein-wort-mit-i-oder-ie/, 28.12.2019»

Ministerium für Schule und Weiterbildung des Landes Nordrhein (2008), Westfalen Lehrplan Mathematik für die Grundschulen des Landes Nordrhein-Westfalen, https://www.schulentwicklung.nrw.de/lehrplaene/upload/klp_gs/GS_LP_M.pdf, 23.12.2019

Montessori.de(o.A.), Montessori Pädagogik http://www.montessori.de/montpaed.php, 22.04.2020

Pohl, Helga Dr. (o.A.), Schreibkrampf, https://pohltherapie.de/behandelbare-beschwerden/schultern-arme-haende/schreibkrampf.html, 24.02.2020

Qua-Lis NRW Schulentwicklung (2020), Lehrplannavigator, www.lehrplannavigator.nrw.de, 17.03.2020

Recht.nrw.de- bestens informiert (2020), Wöchentliche Unterrichtsstunden der Schülerinnen und Schüler, https://recht.nrw.de/lmi/owa/br_bes_detail?sg=0&menu=1&bes_id=8044&anw_nr=2&aufgehoben=N&det_id=434575, 12.08.2019

Sekretariat der Ständigen Konferenz der Kultusminister der Länder in der Bundesrepublik Deutschland (2013), Wochenpflichtstunden der Schülerinnen und Schüler im Schuljahr 2013/2014, https://www.kmk.org/fileadmin/pdf/Statistik/Dokumentationen/Wochenpflichtstunden_der_Schueler_2013.pdf, 12.08.2019

Stiftung Warentest (2019), Schulranzen im Test, https://www.test.de/Schulranzen-im-Test-1765493-0/, 08.06.2019

Illustrationen/ Grafiken:

https://de.freepik.com/vektoren-kostenlos/flachen-hintergrund-der-piratenschiff-voller-goldmuenzen_1125159.htm#query=piratenschiff&position=0, 10.11.2020

https://de.freepik.com/vektoren-kostenlos/lustiger-alpakahintergrund_2753658.htm#page=1&query=Alpaka&position=31, 10.11.2020

https://de.freepik.com/vektoren-kostenlos/flache-designillustration-der-schwanprinzessin-mit-funkeln_10750620.htm#query=schwan%20Prinzessin&position=0, 10.11.2020

https://de.freepik.com/vektoren-kostenlos/space-rakete-fliegen-im-raum-mit-mond-und-sterne-auf-hintergrund-drucken-vektor-illustration_1158410.htm#page=1&query=RAkete&position=13, 10.11.2020

https://de.freepik.com/vektoren-kostenlos/digitalgeraet-modell_4250437.htm#page=6&query=Sterne&position=13, 10.11.2020

https://de.freepik.com/vektoren/blume'>Blume Vektor erstellt von terdpongvector - de.freepik.com</a>, 10.11.2020

<a href="https://de.freepik.com/photos/schule">Schule Foto erstellt von freepik - de.freepik.com</a>, 12.12.2020

<a href="https://de.freepik.com/photos/schule">Schule Foto erstellt von pvproductions - de.freepik.com</a>,12.12.2020

<a href="https://de.freepik.com/photos/hintergrund">Hintergrund Foto erstellt von prostooleh - de.freepik.com</a>,13.12.2020

<a href="https://de.freepik.com/photos/schule">Schule Foto erstellt von jcomp - de.freepik.com</a>,14.12.2020

<a href="https://de.freepik.com/photos/hintergrund">Hintergrund Foto erstellt von creativeart - de.freepik.com</a>,14.12.2020

<a href="https://de.freepik.com/photos/schule">Schule Foto erstellt von freepik - de.freepik.com</a>, 14.12.2020

<a href="https://de.freepik.com/photos/schule">Schule Foto erstellt von stockking - de.freepik.com</a>, 14.12.2020

<a href="https://de.freepik.com/photos/schule">Schule Foto erstellt von rawpixel.com - de.freepik.com</a>, 14.12.2020

<a href="https://de.freepik.com/photos/geburtstag">Geburtstag Foto erstellt von pressfoto - de.freepik.com</a>, 14.12.2020

<a href="https://de.freepik.com/photos/menschen">Menschen Foto erstellt von pressfoto - de.freepik.com</a>, 14.12.2020

<a href="https://de.freepik.com/photos/schule">Schule Foto erstellt von freepik - de.freepik.com</a>, 14.12.2020

<a href="https://de.freepik.com/photos/banner">Banner Foto erstellt von osaba - de.freepik.com</a>, 14.12.2020

Bücher:

Korte, Jochen (2001), Aktivierende Elternarbeit in der Schule, 1. Auflage, Göttingen

Die Autorin

Nicole Golz, geboren 1982, absolvierte ihr Studium für das Lehramt an Grund-, Haupt- und Realschule in den Fächern Deutsch, Mathematik, Englisch, Sport und Sachunterricht. Seit vielen Jahren unterrichtet sie Schüler und begleitet Eltern durch den komplexen Grundschulalltag. Sie ist erfahrende Grundschullehrerin und Expertin für elterliche Fragen rund um den Schulalltag.

Im Laufe ihrer Lehrertätigkeit beschäftigte sie sich intensiv mit unterschiedlichen Lernschwierigkeiten in den Fächern Deutsch und Mathematik sowie mit unterschiedlichen Verhaltensauffälligkeiten von Schülern, wie der Aufmerksamkeitsdefizit-/Hyperaktivitätsstörung, der Hochsensibilität und einer stark verminderten Frustrationstoleranz.

Nicole Golz ist Autorin des Ratgebers „Eingeschult! Wie nehme ich meinen Hund mit in die Schule: Einführung eines Schulhundes an einer Grundschule". Gemeinsam mit ihrer Schulhündin Pepper etablierte sie die tiergestützte Pädagogik an einer Grundschule in Nordrhein- Westfalen.

Printed in Poland
by Amazon Fulfillment
Poland Sp. z o.o., Wrocław

77897027R00110